INSTRUCTIONS
DE SAINT LOUIS.

INSTRUCTIONS
DE SAINT LOUIS
ROI DE FRANCE,
A SA FAMILLE ROYALE
AUX PERSONES DE SA COUR
ET AUTRES;

EXTRAITES du recueil des Historiens contemporains de sa vie, imprimé par les soins de MM. de la Biblioteque du Roi en 1761,

Par M. l'Abbé DE VILLIERS, Licentié ez Loix.

(*Si filii tui ambulaverint coram me in veritate non auferetur tibi vir de solio Israël.* 3. Reg. 2. 4.)

A PARIS,

Chez A M LOTTIN l'aîné, Libraire & Imprimeur de Mgr LE DAUPHIN, rue S. Jacques au Coq.
J. B. G. MUSIER fils, Libraire, Quai des Augustins, au coin de la rue Pavée.

M. DCC. LXVI.

Avec Approbation, & Privilege du Roi.

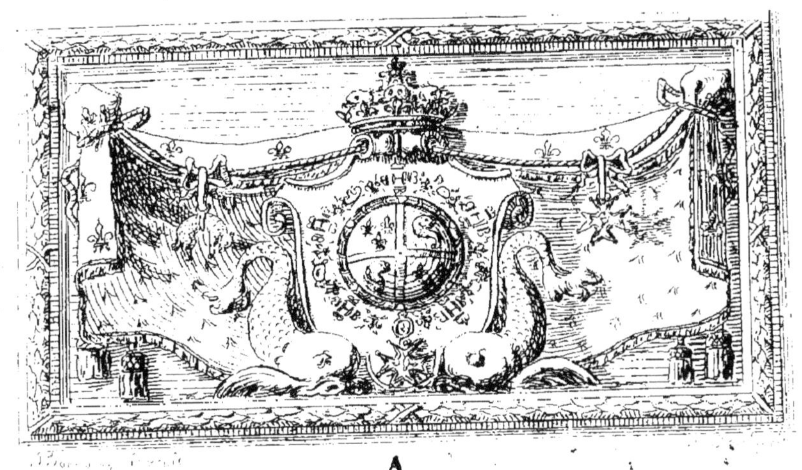

A

MONSEIGNEUR

LE DAUPHIN.

MONSEIGNEUR,

Si quelque chose peut m'enhardir à vous dédier cet Ouvrage, c'est parce que je me flatte que le titre seul qu'il porte vous préviendra favo-

rablement pour celui qui ose vous le présenter. Vous rappeller en effet la mémoire d'un très-grand Roi & d'un très grand Saint, dont vous vous glorifiez de descendre & de porter le nom, est-il un souvenir plus propre à ranimer votre amour pour la Religion ? à perfectioner les vertus que vous avez reçues du Ciel, & à augmenter le desir que vous avez de marcher sur les traces de S. LOUIS, ainsi que votre auguste Pere ? Si ce saint Roi vous parloit lui-même directement avec quelle joye tendre & respec-

tueuse ne l'écouteriez - vous pas? Ici il fait plus ; il vous laisse par écrit, MONSEIGNEUR, *ce qu'il a pratiqué lui-même pour rendre ses peuples heureux, glorifier ici bas sans cesse le Roi des Rois, & vous inviter à être admis avec lui à la même félicité sans fin à laquelle il vous appelle un jour.*

Je suis, avec le plus profond respect,

MONSEIGNEUR,

Votre très-humble & très-obéissant serviteur,
DE VILLIERS, *Prêtre.*

AVERTISSEMENT.

Un Panégyrique de S. Louis que nous avons entrepris, nous a doné occasion de lire, entr'autres sources de son Histoire, le précieux recueil qui en a été imprimé aux dépens du Roi en 1761, par les soins de Messieurs de la Bibliotheque de S. M. à Paris, & terminé par M. Capperonier aussi de l'Académie des Inscriptions & Belles-Lettres. Ce recueil contient l'Histoire de ce saint Roi, raportée par trois Auteurs différens & contemporains. La première est Préf. p. vij. par Sire de Joinville, d'après un manuscrit découvert depuis peu, & qui procure la satisfac- Ibid. p. viij. tion *de lire Joinville dans Joinville même*, d'une maniere plus exacte que dans les éditions qui avoient été donées précédament. Ibid. p. xv. La seconde est par Guillaume de Nangis religieux Bénédictin, dont ses Annales de Saint Louis n'avoient jamais parues qu'imprimées en latin, & que Messieurs de la Bibliotheque du Roi ont donée pour la premiere fois en françois, qui est la langue originale de l'ouvrage de Guil: de Nangis. La troisieme est la vie & les miracles de notre Saint raportés par le Confesseur de Marguerite, Reine de France, femme de S. Louis, & dont le manuscrit imprimé est différent de celui que Mesnard a fait imprimer à la fin de son édition du Sire de Joinville. Pref. p. xviij.

Autant le recueil de ces Auteurs originaux de la vie de S. Louis est intéressante par la fidélité de son histoire, autant fait-il honeur à ceux qui ont consacré leurs veilles pour en enrichir le public. C'est une entreprise digne de leur amour pour les Belles-Lettres & l'Histoire, d'un cœur véritablement François, d'un zèle ardent pour la gloire de la Maiſon Royale ; diſons enfin une preuve de leur attachement à la véritable Religion. Si Meſſieurs de l'Académie, animés par tous ces motifs, ſe font gloire auſſi tous les ans d'entendre de la bouche des Orateurs chrétiens les plus choiſis, & qui ſe glorifient de l'être, le Panégyrique de ce grand Roi & de ce grand Saint ; ils peuvent également ſe glorifier d'avoir mis entre les mains des Orateurs de la chaire, les matériaux les plus riches, les plus autentiques & les plus reſpectables que l'hiſtoire puiſſe leur préſenter, pour parler dignement de ce grand & ſaint Monarque. C'eſt du moins la vérité qui s'eſt préſentée à notre eſprit, après la lecture que nous avons pu faire de cet excellent ouvrage. Mais ſi la lecture de cet excellent ouvrage nous a fourni les plus beaux traits du Panégyrique que nous avons entrepris, elle nous a remplis l'ame de tant d'admiration des belles & ſolides inſtructions que S. Louis a donées à ſa Famille Royale, aux Perſones de ſa Cour & autres, qu'il n'eſt rien enſuite à quoi nous nous ſoyons porté avec plus d'empreſſement que de les recueillir les plus attentivement. C'eſt une choſe qui eſt due à juſte titre à ce Salomon de la France, & dont les inſtructions peuvent être comparées aux paraboles de ce ſage Roi de Juda. Elles ne ſont pas, il eſt vrai, en ſi grand nombre, mais auſſi en ſommes-nous dédomagés d'ailleurs, par les hiſtoires plus étendues que nous avons de la vie de S. Louis, que ne le ſont celles que nous avons de Salomon. Inſtructions d'autant plus intéreſſantes encore, qu'on y voit à chaque inſtant comment ce ſaint Roi s'y eſt peint lui-même, ſans le vouloir, comme le Roi le plus ſage, le plus prudent, le plus politique, le plus brave, le plus éclairé, le plus ferme, le plus équitable, le Pere de ſon peuple, le digne fils aîné de l'Egliſe, le plus chrétien des Rois, le plus perſéverament ſaint, celui en un mot dont le Roi des Rois devoit regarder ſon Royaume comme le ſien. *Per me Reges regnant.*

Ces Inſtructions, extraites des trois Auteurs originaux & contemporains dont nous avons parlé, ſeront rangées en deux chapitres. Le premier contiendra celles qu'il a donées à ſa propre Famille. Le ſecond celles qu'il feſoit aux perſones de ſa Cour & autres. Comme chacun de ces trois Auteurs a raporté le teſtament de S. Louis à Philippe ſon fils & ſon ſucceſſeur, avec quelque différence de l'un avec l'autre; nous y avons ajouté une concorde de ces trois teſtamens, afin d'avoir, ſous un ſeul coup d'œil, tout ce qui étant dans l'un ne ſe trouve pas dans l'autre. Il ſeroit à ſouhaiter que le langage du temps de S. Louis fut encore auſſi intelligible qu'il l'étoit alors, pour en goûter davantage la force & la bauté ; mais comme il eſt préſentement tellement ſuranné pour pluſieurs perſones, qu'il n'y a plus que celles qui ſont verſées dans la lecture de cet ancien françois, qui puiſſent le lire & l'entendre ; afin de le metre plus à portée de tous les lecteurs de nos jours, nous l'avons, pour ainſi dire, traduit de la langue de ce temps en celle d'aujourd'hui, de la maniere la plus littérale qu'il a été poſſible ; ne changeant les anciens tours de phraſes qu'autant qu'ils ne ſeroient plus ſuportables dans notre manière de s'exprimer maintenant. L'on mettra en abrégé ſur la marge l'Auteur dont eſt tiré ce que l'on raportera; ainſi *Joinville*, ſignifiera l'hiſtoire par Sire de Joinville. *Nangis*, ſignifiera les annales par Guil : de Nangis. *Confeſſeur*, ſignifiera la vie de S. Louis par le Confeſſeur de la Reine. En un mot pour la ſatisfaction de ceux qui ſeront curieux de voir l'original de ce que nous avons mis en François de ce temps, nous avons mis à la fin & en plus petits caracteres, les mêmes Inſtructions de Saint Louis dans le langage des Auteurs contemporains. Nous finirons par faire remarquer que S. Louis dans toutes ses différentes instructions ne tutoye que Philippe son fils, qui fut Philippe dit le Hardi son successeur.

Page I.ère

Boniamy [?] Invenit … et Sculpsit

Les Enfants de S.t Louis reçoivent de ses mains ses Instructions.

INSTRUCTIONS DE SAINT LOUIS.

CHAPITRE PREMIER

Contenant les Instructions de S. Louis à sa Famille Royale.

Le Saint Roi LOUIS, qui étoit embrasé de charité pour Dieu, mais encore pour son prochain, ne desiroit rien tant que la perfection des hommes. C'est pour les y porter, que par ses exemples & ses saints avertissemens, il les instruisoit tous, & particulièrement ses Enfans, ceux de sa Cour & autres, ainsi

Confesseur, pag. 326.

que vous le verrez clairement ci-après.

Joinville, pag. 145.

Avant de ſe coucher, le Roi feſoit venir ſes Enfans devant lui ; il leur racontoit les actions des bons Rois & des Empereurs, & leur diſoit de les prendre pour exemple ; il leur raportoit auſſi les actions des mauvais riches, qui par leurs débauches, leurs rapines & leur avarice, avoient perdu leurs Royaumes. Je vous raporte, dit-il, toutes ces choſes, pour que vous les évitiez, & que Dieu ne ſe courouce point contre vous.

TESTAMENT

de S. Louis à Philippe ſon fils & ſon ſucceſſeur, raporté par Sire de Joinville, pag. 154.

LE ſaint Roi, ſentant qu'il devoit bientôt paſſer de cette vie en l'autre, appella Monſeigneur Philippe ſon fils, & lui commanda de garder par teſtament tous les enſeignemens qu'il lui laiſſa, qui ſont écrits ci-après ; leſquels enſeignemens le Roi écrivit de ſa ſainte main, ainſi qu'on le dit.

CHER FILS : la premiere choſe que je t'enſeigne, eſt que tu mettes ton cœur à aimer Dieu ; car ſans cela nul ne peut être ſauvé. Gardes-toi de faire choſe qui déplaiſe à Dieu, ſavoir péché mortel ; car tu dois plutôt ſouffrir toutes ſortes d'injures &

de tourmens, que faire un péché mortel. Si Dieu t'envoye adverſité, reçois-la avec patience, rends-en grace à notre Seigneur, & penſes que tu l'as déſſervi, & qu'il la tournera à ton profit. S'il te done proſpérité, remercies-le humblement, afin de ne pas perdre par orgueil, ou par autre manière, ce qui doit te rendre meilleur; car on ne doit pas abuſer des dons de Dieu. Confeſſes-toi ſouvent, & que ce Confeſſeur ſoit homme prudent, qui ſache t'enſeigner ce que tu dois faire, & ce que tu dois éviter; & tu dois te comporter de telle manière que tes Confeſſeurs & tes amis oſent te reprendre de tes fautes. Aſſiſtes dévotement au ſervice de l'Egliſe & de cœur & de bouche, ſpécialement en la Meſſe où ſe fait la conſécration. Que ton cœur ſoit doux & charitable envers les pauvres, les foibles & ceux qui ſont dans la peine ; raſſures-les & aides-les ſelon ton pouvoir. Maintiens les bones coûtumes de ton Royaume, & détruis les mauvaiſes. Ne deſires pas le bien de ton Peuple, & ne l'accables point d'impôt ni de taille. Si tu as dans ton cœur quelque peine, dis-la ou à ton Confeſſeur, ou à quelqu'homme prudent qui te parle ouvertement, & tu la porteras plus facilement. N'ayes dans ta compagnie que des hommes prudens, ſans ambition, Religieux, Séculiers ; parles-leur ſouvent ; fuis & évites la compagnie des méchans. Écoutes volontiers la parole de Dieu, retiens-la dans ton cœur, recherches volontiers prieres & indulgences. Aimes ton honeur & ton bien, hais le mal quel qu'il ſoit. Qu'aucun devant toi ne ſoit ſi hardi que de dire parole qui excite au péché; que nul ne médiſe de ſon prochain. Ne ſouffres pas que l'on parle mal de Dieu devant toi; rends-lui grace ſouvent des biens qu'il t'a faits, afin que tu ſois digne d'en avoir d'autres. Rends juſtice à tes ſujets avec droiture, bonté & fermeté, ſans pancher d'un côté ou d'un autre; mais ſoutiens la juſtice & la cauſe du pauvre, juſqu'à ce que la vérité ſoit éclaircie. Si quelqu'un a une affaire contre toi, ne te préviens pas juſqu'à ce que tu connoiſſes la vérité, tes Conſeillers jugeront plus hardiment pour ou contre toi. Si tu tiens le bien d'autri par toi ou par tes prédéceſſeurs, lorſque la choſe eſt certaine, rends-le ſans différer; ſi la choſe eſt douteuſe, fais t'en informer promptement par des gens ſages. Tu dois t'appliquer à ce que ſous ton regne tes ſujets vivent en paix & avec droiture. Maintiens tes bones Villes, & gardes les Coûtumes de ton Royaume en l'état & dans les franchises que tes prédécesseurs les ont gardées; s'il y a quelque chose à réformer, réformes-le & les corriges. Tiens-les en faveur & en union, car la force & les richesses des grosses Villes empêcheront les Particuliers, les Étrangers, & sur-tout tes Pairs & tes Barons de s'élever contre toi. Honores & aimes les persones de la sainte Eglise, prends garde qu'on ne leur ôte, ni qu'on leur diminue les dons & les biens qui leur vienent de tes prédécesseurs. L'on raconte du Roi Philippe mon ayeul, qu'une fois un de ses Conseillers lui dit; que ceux de la sainte Eglise lui faisoient baucoup de tort, en ce qu'ils lui ôtoient ses droits & diminuoient ses justices, & qu'il étoit étonant comment il le souffroit. A quoi le Roi répondit : « Qu'il le croyoit, » mais qu'il estimoit si fort les » bontés & les faveurs que Dieu » lui avoit faites, qu'il aimoit » mieux céder de son droit, que » d'avoir procès avec les per- » sones de la sainte Eglise ». A ton Pere & ta Mere rends honeur & respect, & gardes-leur commandement. Ne dones les bénéfices de la sainte Eglise qu'à des persones de bone vie & mœurs, & n'y nomes que par le conseil d'hommes sages & de probité. Gardes-toi de faire la guerre sans grande nécessité contre les Chrétiens ; & s'il la faut faire, conserves la sainte Eglise & ceux qui ne t'ont point fait de mal. Si guerres, ou divisions s'élevent entre tes sujets, appaises-les le plutôt que tu pouras. Sois éxact à avoir de bons Prévôts & Baillis, informes-toi de leur conduite & de ceux de ton Hôtel, s'ils ne ſont pas avares, fourbes, ni trompeurs. Ne ſouffres aucun vice honteux dans ton Royaume, mais ſur-tout les blaſphêmes & les héréſies. Que les dépenſes de ta maiſon ſoient raiſonables. Enfin, très-cher Fils, je te recommande de faire dire des Meſſes & des Prieres dans ton Royaume pour le repos de mon ame, & que tu m'accordes une bone part dans tous les biens que tu feras. Mon cher Fils, je te dones toutes les bénédictions qu'un bon pere peut doner à ſon fils : que la ſainte Trinité & tous les Saints te gardent de tous maux : que Dieu te done la grace de faire toujours ſa volonté : qu'il ſoit honoré par toi, & que nous puiſſions, après cette vie, être enſemble avec lui & le louer ſans fin. *Amen.*

TESTAMENT

de S. Louis à Philippe son fils & son successeur, extrait des Annales de S. Louis, par Guillaume de Nangis, pag. 284.

CHER FILS : la premiere chose que je t'enseigne, est que tu aimes Dieu de tout ton cœur; car sans cela nul ne peut se sauver. Gardes-toi de faire chose qui déplaise à Dieu, savoir péché mortel; car tu dois souffrir toutes sortes de tourmens, plutôt que de le commettre. Si Dieu t'envoye quelqu'adversité, souffres-la avec patience, & rends-en grace à notre Seigneur, pensant que tu l'as offensé, & qu'il la tournera à ton profit. S'il te done prospérité, remercies-le humblement, afin que ce qui doit te rendre meilleur, ne te rende pas plus mauvais; car on ne doit pas se servir des dons de Dieu, pour s'élever contre lui. Confesses-toi souvent, choisis un homme prudent, qui sache t'enseigner ce que tu dois faire & ce que tu dois éviter : tu dois te conduire de telle manière que tes Confesseurs & tes amis osent & puissent te reprendre avec sûreté & te montrer tes défauts. Entends le service de Dieu dévotement, sans causer, ni sans regarder çà & là; mais pries Dieu dévotement de bouche & de cœur, en pensant à lui attentivement, & particulièrement quand on est à la consécration. Ayes pour les pauvres & les malheureux un cœur doux & compatissant, soulages-les selon ton pouvoir. Si tu as quelque peine intérieure, dis-la à ton Confesseur, ou à quelqu'homme sage, tu la suporteras plus légerement. Ayes toujours dans ta compagnie des gens prudens, ſoit Religieux, ſoit Séculiers; parles ſouvent avec eux. Écoutes volontiers le ſermon, ſoit en public, ſoit en particulier, & recherches de même les prieres & indulgences. Qu'aucuu devant toi ne ſoit aſſez hardi de dire une parole qui excite au péché. Ne ſouffres point qu'on médiſe en arrière du prochain. Si on parle mal de Dieu devant toi ou de ſes Saints, tires-en auſſi-tôt vengeance. Rends la juſtice avec fermeté & bonté, ſans t'écarter d'un côté ni d'un autre; ſoutiens la cauſe du pauvre juſqu'à ce qu'elle ſoit éclaircie. Si quelqu'un a quelqu'affaire contre toi, ſois pour lui contre toi, juſqu'à ce que l'on ſache la vérité; dès-lors tes Conſeillers jugeront plus hardiment ſelon l'équité. Rends le bien d'autrui que tu aurois par toi ou tes prédéceſſeurs. Que tes gens & tes ſujets vivent en paix ſous ton regne , de même que les Religieux & toutes perſones de la ſainte Egliſe. On dit du Roi Philippe mon ayeul, qu'une fois quelqu'un de ſa Cour lui dit; qu'il ſouffroit baucoup de tort & de mal de ceux de la ſainte Egliſe , en ce qu'ils diminuoient ſa juſtice, & qu'il ne devoit pas le ſouffrir. A quoi le Roi répondit : « Qu'il le croyoit, mais que » conſidérant les bontés que la » ſainte Egliſe lui avoit faites , » il aimoit mieux abandoner » ſon droit, que d'avoir procès » avec elle & doner du ſcan- » dale ». A ton Pere & à ta Mere tu dois porter honeur & reſpect, & obſerver leur commandement. Dones les bénéfices de la ſainte Egliſe à des perſones qui en ſoient dignes, qui ſoient de bon conſeil, prudens, & ſur-tout à ceux qui n'ont rien dans l'Egliſe. Gardes-toi de faire la guerre ſans grand conſeil, ſur-tout contre les Chrétiens; & s'il le faut, gardes l'Egliſe de tout domage, ainſi que ceux qui ne t'ont fait aucun tort. Appaiſes le plutôt que tu pouras toute querelle & conteſtation, ainſi que le faiſoit S. Martin. Ayes ſoin d'avoir de bons Baillis & de bons Prévôts, & informes-toi comment eux & ceux de ton Hôtel ſe conduiſent. Employes ton pouvoir pour retrancher de ton Royaume tout péché, ſur-tout le blaſphême & l'héréſie. Je te recommande, cher Fils, de rendre graces à Dieu des bienfaits que tu en as reçus. Que les dépenſes de ta maiſon ſoient raiſonnables. Enfin, cher Fils je te conjure & t'ordone que ſi je meurs avant toi, tu faſſes ſoulager mon ame par meſſes &

oraiſons dans tout le Royaume de France, & que tu me faſſes part de tous les biens que tu feras. En un mot, cher Fils, je te done toutes les bénédictions qu'un bon & tendre pere peut doner à ſon fils. Que la ſainte Trinité & tous les Saints daignent te préſerver de tous maux, & te faſſent la grace de les honorer toujours, afin que nous puiſſions, après cette vie mortelle, nous trouver enſemble avec eux & les louer ſans fin. *Amen.*

INSTRUCTIONS

écrites de la main de S. Louis à Philippe son fils, qui regna après lui, extraites de la vie de S. Louis, par le Confesseur de la Reine, page 330.

A son cher Fils ainé Philippe : SALUT.

CHER FILS : desirant de tout mon cœur que tu sois bien instruit de toutes choses, j'ai pensé à faire pour toi & à écrire cette Instruction ; car je t'ai quelquefois entendu dire, que tu retiendrois plus ce qui te viendroit de moi que de toute autre persone. C'est pourquoi, cher Fils, je t'enseigne d'abord à aimer Dieu de tout ton cœur & de tout ton pouvoir, car sans cela aucune chose n'a de prix. Gardes-toi autant que tu le peux de tout ce que tu croiras lui déplaise, & particulièrement d'avoir la volonté de commettre péché mortel, pour quelque cause que ce puisse; & de souffrir plutôt de voir tes membres coupés & ta vie ôtée par le martyre, que de faire volontairement un péché mortel. Si notre Seigneur t'envoye quelqu'affliction, maladie ou autre chose, tu dois la souffrir volontiers, lui en rendre grace & lui en savoir bon gré; car tu dois penser qu'il le fait pour ton bien, & aussi parce que tu l'as offensé; qu'il pourroit même, s'il vouloit, t'affliger encore davantage, parce que tu l'as peu aimé & servi, & que tu as fait bien des choses contraires à sa volonté. Que si notre Seigneur t'envoye quelque prospérité, tu dois lui en rendre d'humbles actions de grâces, & prendre garde que cela ne te rende orgueilleux ou plus vicieux; car c'est un grand péché que de tourner contre lui ses propres dons. Cher Fils, accoutumes-toi à te confesser souvent, choisis toujours pour tes Confesseurs des hommes de sainte vie, & suffisamment instruits pour t'enseigner ce que tu dois éviter & ce que tu dois faire; & conduis-toi de telle maniere que tes Confesseurs & tes autres amis osent t'instruire & reprendre hardiment. Cher Fils, entends volontiers le service de la sainte Eglise, & quand tu y assisteras, prends garde d'y causer ni de dire rien d'inutile; récites paisiblement tes prieres de bouche & de cœur; sois sur-tout plus recueilli devant Dieu, quand le Corps de notre Seigneur Jesus-Christ sera présent à la Messe, & encore longtems après. Cher Fils, ayes un cœur compatissant pour les pauvres & pour tous ceux que tu croias avoir peine d'eſprit & de corps & ſecours-les de tout ton pouvoir, ou par aumône, ou par autre conſolation. Que ſi tu as dans ton cœur quelque peine que tu puiſſes & doives faire connoître, dis-la à ton Confeſſeur, ou à tout autre que tu croyes ſincere & propre à la garder ; tu ſuporteras alors plus patiemment ta peine. Cher Fils, n'admets à ta compagnie que gens de bonnes mœurs, Religieux ou Séculiers, évites celle des méchans ; ne converſes qu'avec les bons : aimes à entendre parler de Dieu, ſoit au ſermon, ſoit en particulier, & recherches volontiers les indulgences. Aimes le bien que tu vois faire, hais le mal. Ne ſouffres pas que l'on diſe devant toi paroles qui excitent au péché. N'écoutes pas le mal que l'on dit d'autrui. Ne ſouffres en aucune maniere les paroles qui tournent en mépris Dieu ou ses Saints, sans en faire punition ; si c'est un Ecclésiastique, ou persone si considérable que tu ne puisses en faire justice, fais le dire à celui qui a justice sur lui. Cher Fils, conduis-toi si sagement en toutes choses, que l'on voye que tu reconnois les bontés & les faveurs que tu as reçues du Seigneur ; ensorte que s'il plaisoit à Dieu de te charger du poids & de l'honeur de gouverner ce Royaume, tu sois digne de recevoir l'onction qui sacre les Rois de France. Cher Fils, si tu parviens à régner, que l'on reconnoisse en toi les qualités qui appartienent à un Roi ; c'est-à-dire, que tu sois équitable, que rien ne puisse t'éloigner de la justice. S'il survient quelque procès entre un riche & un pauvre, soutiens plus le pauvre que le riche, & leur rends justice dès que tu connoîtras la vérité. Si tu as auſſi un procès contre quelqu'un, ſoutiens la cauſe d'autrui devant ton Conſeil; ne te montres pas trop attaché à ta cauſe juſqu'à ce que tu connoiſſes la vérité; car autrement ceux de ton Conſeil pouroient craindre de parler contre toi, ce que tu ne dois pas vouloir. Si tu apprends que tu retienes ſans raiſon quelque choſe, ſoit par toi, ſoit par tes prédéceſſeurs, reſtitues-le auſſi-tôt, quelque conſidérable que ſoit la choſe en bien, en argent, ou en autre choſe. Si la choſe eſt ſi obſcure, que tu ne puiſſes découvrir la vérité, faîs enſorte, par le conſeil d'hommes prudens, que ton ame & celles de tes prédéceſſeurs en ſoient acquittées; & quoique tu entendes dire qu'ils les ayent rendues, néanmoins ſois dans la ferme volonté de ſavoir s'il ne reſte encore rien à reſtituer ; & si tu reconnois quelque chose à restituer, fais la rendre aussi-tôt, pour le salut de ton ame & de tes prédécesseurs. Sois bien attentif à protéger tous les sujets de ton Royaume, & spécialement les persones de sainte Eglise ; empêches qu'injure ni violence ne soit faite en leurs persones ni en leurs biens ; car je veux te rappeller ce que dit une fois le Roi Philippe mon ayeul, ainsi que me l'a raporté quelqu'un de son Conseil qui l'avoit entendu. Le Roi étant un jour en son Conseil privé, & auquel étoit présent celui qui me l'a raporté ; ceux de son Conseil lui dirent que les Ecclésiastiques lui faisoient baucoup de tort, & que bien du monde s'étonoit comment il pouvoit souffrir telle chose. A quoi répondit le Roi Philippe : « Je crois bien, dit-il, » qu'ils me font quelque tort,

» mais quand je pense aux ho» neurs que m'a fait notre Sei» gneur, j'aime mieux souffrir du » domage, que de causer quel» que discorde entre moi & la » sainte Eglise ». Je te rapelle donc cette chose, afin que tu ne croyes pas légèrement ce que quelques-uns disent contre la sainte Eglise; mais que tu les honores & les soutienes de façon qu'ils puissent tranquillement servir le Seigneur. Aimes particulièrement tous ceux qui ont de la religion, secoures-les dans leurs nécessités, & aimes encore davantage ceux qui honorent Dieu & le servent. Cher Fils, aimes ta Mere & l'honores, écoutes volontiers ses instructions pour les mettre en pratique, & sois porté à suivre ses conseils. Aimes tes Freres, desires toujours leur bien; recherches leur avancement, sois pour eux un pere par les bons éxemples ; mais que ton amitié pour eux ne t'empêche pas de conserver chacun dans son droit, ni de remplir ce à quoi tu es obligé. Cher Fils, je te recommande de ne doner les bénéfices qu'à des persones qui en sont dignes, & de suivre sur cela le conseil de gens sages ; & mon avis est qu'il vaut mieux les doner à ceux qui n'en ont point, qu'à ceux qui en ont ; & si tu t'informes bien, tu en trouveras assez dans ceux qui n'en n'ont point, qui feront un bon emploi des biens de la sainte Eglise. Cher Fils, fais tous tes efforts pour n'avoir point de guerre avec aucun Chrétien ; s'ils te font quelqu'insulte, essayes toutes autres voyes possibles pour recouvrer ton droit avant que de leur déclarer la guerre, afin d'éviter les péchés dont la guerre est la cause : que si ſi tu ne peux éviter la guerre, ſoit parceque tes Vaſſaux refuſeroient de venir te rendre homage, ſoit pour injure faite à quelqu'Egliſe, ou autre perſone, & que ni toi ni quelque bone raiſon que ce ſoit ne puiſſe le faire changer ; alors, quelque ſoit la cauſe de la guerre, ordones ſur-tout que les pauvres qui n'ont pas été complices du forfait, ſoient préſervés de domage, comme d'incendie, ou d'autre ravage ; car il te convient de punir plutôt le malfaiteur en prenant ſon bien, en aſſiégeant ſes Villes, ou ſes Châtaux, que de ravager les biens du pauvre peuple. Avant de déclarer la guerre, prends conſeil pour voir ſi la cauſe eſt juſte, avertis le malfaiteur & différes autant que tu le devras. Cher Fils, je te recommande encore d'employer tout ton pouvoir à appaiser les guerres & les querelles entre les sujets de ton Royaume, c'est une chose bien agréable au Seigneur. S. Martin nous en a doné un très-grand exemple; car, notre Seigneur lui ayant revélé quand il devoit mourir, il alla mettre la paix entre les Ecclésiastiques qui étoient en son Archevêché, persuadé qu'alors il finiroit sa vie plus tranquilement. Cher Fils, attaches-toi à avoir dans ton Royaume de bons Prévôts & de bons Baillis; informes-toi s'ils rendent bien la justice, s'ils ne font tort à persone ni rien contre ce qu'ils doivent. Pourvois aussi à ce que ceux de ton Hôtel ne fassent point ce qu'ils ne doivent pas faire; car, quoique tu doives en général haïr le mal par-tout où il se trouve, tu dois encore haïr davantage celui qui viendroit de ceux qui tienent leur pouvoir non pas des autres, mais de toi; ainsi tu dois bien empêcher que le mal ne viene de ceux qui t'apartienent. Cher Fils, sois toujours attaché à l'Eglise de Rome, & au souverain Evêque notre Pere qui est le Pape: portes-lui respect & honeur comme tu le dois à ton Pere spirituel. Dones pouvoir à gens bien intentionés, & qui sçachent en bien user, de détruire avec grand soin tous péchés dans ton Royaume, comme les blasphêmes, & toute action, toute parole contre Dieu, la Sainte Vierge & les Saints, les jeux de dez, les impuretés, les yvrognes & tous autres vices; fais chasser de ton Royaume, selon ton pouvoir & la prudence, les hérétiques & autres gens corrompus, ensorte que ton Royaume en soit autant purgé que tu le pouras par le conseil de gens sages. Procures le bien en tout lieu de tout ton pouvoir, employes toute ton attention à reconnoître les bontés de notre Seigneur & à lui en rendre graces. Cher Fils, sois très-attentif à ce que les deniers que tu dépenseras soient employés en bons usages, & qu'ils soient justement reçus ; c'est-pourquoi je te recommande fort de te garder des folles dépenses, des mauvaises recettes, mais que tes deniers soient bien perçus & bien dépensés : que sur cela notre Seigneur daigne t'enseigner ce qui est convenable & utile. Cher Fils, je te prie, s'il plaît au Seigneur de me retirer de ce monde avant toi, que pour le repos de mon ame tu fasses dire des messes, des prieres, & que tu me recommandes à toutes les Maisons religieuses du Royaume de France, & que dans tous les biens que tu feras tu demandes au Seigneur, de m'y doner quelque part. Je te done, cher Fils, toutes les bénédictions qu'un pere peut & doit doner à son fils : je prie Dieu notre Seigneur Jesus-Christ que par sa grande miséricorde, que par les prieres & les mérites de sa bienheureuse Vierge Marie sa Mere, & par les mérites des Anges, des Archanges, de tous ses Saints & de toutes ses Saintes, il te garde & te préserve de faire quelque chose contre sa volonté, qu'il te fasse la grace de l'accomplir, qu'il soit honoré & servi par toi, & que notre Seigneur par sa grande miséricorde daigne accorder à toi & à moi, qu'après cette vie nous puissions le voir, le louer & l'aimer sans fin. *Amen.* Gloire, honeur & louange à celui qui est un Dieu avec le Pere, le Fils & le Saint-Esprit, sans commencement & sans fin. *Amen.*

CONCORDE

des trois précédens Teſtamens de Saint Louis à ſon Fils.

INSTRUCTIONS écrites de la main de Saint Louis à Philippe ſon Fils, qui régna après lui.

A ſon cher Fils ainé Philippe : SALUT.

CHER FILS : deſirant de tout mon cœur que tu ſois bien inſtruit de toutes choſes, j'ai penſé à faire pour toi & à écrire cette Inſtruction ; car je t'ai quelquefois entendu dire que tu retiendrois plus ce qui te viendroit de moi que de toute autre perſone.

C'eſt pourquoi, cher Fils, la premiere choſe que je t'enſeigne eſt d'aimer Dieu de tout ton cœur & de tout ton pouvoir, car ſans cela aucune choſe n'a de prix & nul ne peut être ſauvé.

Gardes-toi autant que tu le peux, de tout ce que tu croiras lui déplaire, & particulièrement d'avoir la volonté de commetre péché mortel pour quelque cauſe que ce puiſſe, & de ſouffrir plutôt toutes ſortes d'injures & de tourmens, même tes membres coupés & ta vie ôtée par le martyre, que de faire volontairement un péché mortel.

Si notre Seigneur t'envoye quelqu'adverſité, affliction, maladie ou autre choſe, tu dois la ſoufrir volontiers, lui en rendre graces & lui en ſavoir bon gré ; car tu dois penſer qu'il le fait pour ton bien, & auſſi parceque tu l'as offenſé & deſſervi, & qu'il la tournera à ton profit ; qu'il pouroit même, s'il vouloit, t'affliger encore davantage, parce que tu l'as peu aimé & servi, & que tu as fait bien des choses contraires à sa volonté.

Que si notre Seigneur t'envoye quelque prospérité, tu dois lui en rendre d'humbles actions de grace, prendre garde que cela ne te rende orgueilleux, ou plus vicieux, & que ce qui doit te rendre meilleur ne te rende plus mauvais ; car c'est un grand péché que de se servir des dons de Dieu pour s'élever contre lui.

Cher Fils, accoutumes-toi à te confesser souvent, choisis toujours pour tes Confesseurs des homes de sainte vie & sufisament instruits pour t'enseigner ce que tu dois éviter ou ce que tu dois faire ; & conduis-toi de telle maniere que tes Confeſſeurs & tes autres amis oſent & puiſſent t'inſtruire, te reprendre avec ſûreté, & te remontrer tes défauts.

Cher Fils, entens volontiers le ſervice de la ſainte Egliſe, & quand tu y aſſiſteras prends garde d'y cauſer, de regarder ça & là, & de dire rien d'inutile : récites paiſiblement tes prieres de bouche & de cœur : ſois ſur-tout plus recueilli devant Dieu quand le corps de notre Seigneur Jeſus-Chriſt ſera préſent à la meſſe, & même long-tems après.

Cher Fils, aies un cœur doux, compatiſſant & charitable pour les pauvres, les foibles, les malheureux, & pour tous ceux que tu croiras avoir peine d'eſprit & de corps, raſſures-les, ſecoures-les & aides-les de tout ton pouvoir, ou par aumône, ou par autre conſolation.

Maintiens les bones coûtumes de ton Royaume, & détruis les mauvaises.

Ne desires pas le bien de ton peuple, & ne l'accables point d'impôt ni de taille.

Si tu as dans ton cœur quelque peine que tu puisses & doives faire connoître, dis-la à ton Confesseur ou à tout autre que tu croyes sincère, prudent, propre à la garder, & qui te parle ouvertement. Tu suporteras alors plus patiament ta peine.

Cher Fils, n'admets à ta compagnie que gens prudens, sans ambition, de bones mœurs, religieux ou séculiers, parles souvent avec eux, fuis & évites la compagnie des méchans, ne converses qu'avec les bons.

Aimes à entendre parler de Dieu, soit au sermon, soit en particulier : retiens la parole de

Dieu dans ton cœur, & recherches volontiers les prieres & indulgences.

Aimes ton honeur & ton bien, aimes le bien que tu vois faire, & haïs le mal quel-qu'il ſoit.

Qu'aucun devant toi ne ſoit aſſez hardi de dire une parole qui excite au péché.

Ne ſouffres point qu'on médiſe en arriere de ſon prochain.

Ne ſouffres en aucune maniere les paroles qui tournent en mépris Dieu ou ſes Saints, ſans en faire auſſi-tôt punition. Si c'eſt un Eccléſiaſtique, ou perſone ſi conſidérable que tu ne puiſſes en faire juſtice, fais-le dire à celui qui a juſtice ſur lui.

Cher Fils, conduis-toi ſi ſagement en toutes choſes que l'on voye que tu reconnois les bontés & les faveurs que tu as reçues du Seigneur ; rends-lui graces souvent des biens qu'il t'a faits, afin que tu sois digne d'en recevoir d'autres, & que s'il plaisoit au Seigneur de te charger du poids & de l'honeur de gouverner ce Royaume, tu sois digne de recevoir l'onction qui sacre les Rois de France.

Cher Fils, si tu parviens à regner, que l'on reconnoisse en toi les qualités qui apartienent à un Roi ; c'est-à-dire, que tu sois si équitable que rien ne puisse t'éloigner de la justice.

Rends justice à tes sujets avec droiture, bonté & fermeté sans t'écarter d'un côté ni d'un autre.

S'il survient quelque procès entre un riche & un pauvre, soutiens plus la cause du pauvre que du riche, & leur rends justice dès que tu connoîtras la vérité.

Si tu as auſſi un procès contre quelqu'un, ſois pour lui contre toi ; ſoutiens la cauſe d'autrui devant ton Conſeil & ne te montres pas trop attaché à ta cauſe juſqu'à ce que tu connoiſſes la vérité ; dès-lors, tes Conſeillers jugeront plus hardiment ſelon l'équité ; autrement ceux de ton Conſeil pouroient craindre de parler contre toi, ce que tu dois ne pas vouloir.

Si tu apprens que tu retienes ſans raiſon quelque choſe d'autrui, ſoit par toi, ſoit par tes prédéceſſeurs, lorſque la choſe eſt certaine reſtitues-la ſans différer, de quelque conſidération que ſoit la choſe en biens, en argent, ou en autre choſe. Si la choſe eſt ſi obſcure que tu ne puiſſes découvrir la vérité, fais enſorte par le conſeil d'homes prudens, que ton ame & celle de tes prédécesseurs en soient aquitées ; & quoique tu entendes dire qu'ils les ayent rendues, néanmoins sois dans la ferme volonté de savoir s'il ne reste encore rien à restituer ; &, si tu reconnois quelque chose à restituer, fais-le rendre aussi-tôt pour le salut de ton ame & de tes prédécesseurs.

Tu dois t'appliquer à ce que sous ton regne tes sujets vivent en paix & avec droiture, de même que les religieux & persones de sainte Eglise.

Maintiens tes bones Villes & gardes les coutumes de ton Royaume en l'état & dans les franchises que tes prédécesseurs les ont gardées ; s'il y a quelque choses à réformer, réformes-les & les corriges.

Tiens-les en faveur & en union, car la force & les richesses des grosses Villes empêcheront les particuliers, les étrangers, & ſur-tout tes Pairs & tes Barons de s'élever contre toi.

Sois bien attentif à protéger tous les ſujets de ton Royaume, & ſpécialement les perſones de ſainte Egliſe : honores & aimes-les : empêches qu'injure ni violence ne ſoit faite en leurs perſones ni en leurs biens, prends garde qu'on ne leur ôte ni qu'on ne leur diminue les dons & les bienfaits qui leur vienent de tes prédéceſſeurs. Car je veux te rappeller ce que dit une fois le Roi Philippe mon ayeul, ainſi que me l'a raporté quelqu'un de ſon Conſeil qui l'avoit entendu.

Ce Roi étant un jour en ſon Conſeil privé, & auquel étoit préſent celui qui me l'a raporté, un de ſes Conſeillers lui dit; que les Eccléſiaſtiques lui feſoient baucoup de tort, en ce qu'ils lui ôtoient ſes droits & diminuoient ſes juſtices, & que bien du monde s'étonoit comment il pouvoit ſouffrir telle choſe. A quoi répondit le Roi Philippe. « Je crois » bien, dit-il, qu'ils me font » quelque tort; mais, quand je » penſe aux honeurs & aux bon» tés que m'a faites notre Sei» gneur & ſa ſainte Egliſe, j'aime » mieux abandoner de mon droit » & ſouffrir domage, que de cau» ſer quelque diſcorde entre moi » & la ſainte Egliſe, & doner du » ſcandale ». Je te rapelle donc cette choſe afin que tu ne croyes pas légérement ce que quelques-uns te diront contre la ſainte Egliſe; mais que tu les honores & les ſoutienes de façon qu'ils puiſſent tranquillement ſervir le Seigneur.

Aimes particuliérement tous ceux qui ont de la religion,

ſecoures-les dans leurs néceſſités, & aimes encore davantage ceux qui honorent Dieu & le ſervent.

Cher Fils, aimes ton Pere & ta Mere, honores-les & les reſpectes, écoutes volontiers leurs inſtructions pour les mettre en pratique, ſois porté à ſuivre leurs bons conſeils & à obſerver leurs commandemens.

Aimes tes Freres, deſires toujours leur bien, recherches leur avancement, ſois pour eux un pere par tes bons exemples; mais que ton amitié pour eux ne t'empêche pas de conſerver chacun dans ſon droit, ni de remplir ce à quoi tu es obligé.

Cher Fils, je te recommande de ne doner les bénéfices qu'à des perſones qui en ſont dignes, qui ſoient de bone vie & mœurs, de bon conſeil & prudens, & de ſuivre en cela le conseil de gens sages & de probité. Mon avis est qu'il vaut mieux les doner à ceux qui n'en n'ont point qu'à ceux qui en ont; & si tu t'informes bien tu en trouveras assez dans ceux qui n'en n'ont point, qui feront un bon emploi des biens de la sainte Eglise.

Cher Fils, gardes-toi de faire la guerre sur-tout contre les Chrétiens; s'ils te font quelqu'insulte, essayes toutes autres voyes possibles pour recouvrer ton droit avant que de leur déclarer la guerre, afin d'éviter les péchés dont la guerre est la cause.

Que si tu ne peux éviter la guerre, soit parce que tes Vassaux refuseroient de venir te rendre homage, soit pour injure faite à quelqu'Eglise ou autre persone, & que ni toi ni quelque bone raison que ce soit ne puiſſe le faire changer ; alors, quelle que ſoit la cauſe de la guerre , ordones ſur-tout que les pauvres qui n'ont pas été complices du forfait ſoient préſervés de domage, comme d'incendie ou d'autre ravage ; car il te convient de punir plutôt le malféteur en prenant ſon bien, en aſſiégant ſes Villes, ou ſes Châtaux, que de ravager les biens du pauvre peuple.

Avant de déclarer la guerre prens grand conſeil pour voir ſi la cauſe eſt juſte, avertis le malféteur, & différes autant que tu le devras.

Cher Fils, je te recommande encore d'employer tout ton pouvoir à appaiſer le plutôt que tu pouras, les guerres, les querelles & diviſions entre tous les ſujets de ton Royaume ; c'eſt choſe bien agréable au Seigneur. Saint Martin nous en a doné un très-grand exemple; car, notre Seigneur lui ayant revélé quand il devroit mourir, il alla mettre la paix entre les Eccléſiaſtiques qui étoient en ſon Archevéché, perſuadé qu'alors il finiroit ſa vie plus tranquillement.

Cher Fils, attaches-toi à avoir dans ton Royaume de bons Prévôts & de bons Baillis : informes-toi s'ils rendent bien la juſtice, s'ils ne font tort à perſone, ni rien contre ce qu'ils doivent; s'ils ne ſont pas avares, fourbes, ni trompeurs.

Pourvois auſſi à ce que ceux de ton Hôtel ne faſſent point ce qu'ils ne doivent pas faire; car quoique tu doives en général haïr le mal par-tout ou il ſe trouve, tu dois encore haïr davantage celui qui viendroit de ceux qui tienent leur pouvoir non pas des autres, mais de toi ; ainſi tu dois bien empêcher que le mal ne viene de ceux qui t'apartienent.

Cher Fils, ſois toujours attaché à l'Egliſe de Rome & au ſouverain Evêque notre Pere qui eſt le Pape ; portes-lui reſpect & honeur comme tu dois à ton Pere ſpirituel.

Dones pouvoir à gens bien intentionés & qui ſachent en bien uſer, de détruire avec grand ſoin tout péché dans ton Royaume ; comme les blaſphêmes & toute action, toute parole contre Dieu, la ſainte Vierge & les Saints, les jeux de dez, les impuretés, les yvrognes & tous autres vices.

Fais chaſſer de ton Royaume, ſelon ton pouvoir & la prudence, les hérétiques & autres gens corrompus, enſorte que ton Royaume en ſoit autant purgé que tu le pouras, par conſeil de gens ſages.

Procures le bien en tout lieu de tout ton pouvoir.

Employes toute ton attention à reconnoître les bontés de notre Seigneur & à lui en rendre graces.

Cher Fils, ſois très-attentif à ce que les deniers que tu dépenſeras ſoient employés en bons uſages & raiſonables ; qu'ils ſoient juſtement perçus. C'eſt pourquoi je te recommande fort de te garder des folles dépenſes, des mauvaiſes recettes ; mais que tes deniers ſoient bien perçus & dépenſés. Que ſur cela notre Seigneur daigne t'enſeigner ce qui eſt convenable & utile.

Enfin, cher Fils, je te conjure & t'ordone, s'il plaît au Seigneur de me retirer de ce monde avant toi, que pour le repos de mon ame tu faſſes dire des meſſes, des prieres, & que tu me recommandes à toutes les Maiſons religieuſes, & dans tout le Royaume de France ; &, que dans tous les biens que tu feras, tu demandes au Seigneur de m'y doner quelque part.

En un mot, mon cher Fils, je te done toutes les bénédictions qu'un bon & tendre pere peut & doit doner à un fils.

Je prie Dieu notre Seigneur Jeſus-Chriſt que par ſa grande miſéricorde, que par les prieres & les mérites de ſa bienheureuſe Vierge Marie ſa Mere, & par les mérites des Anges, des Archanges, de tous ſes Saints & de toutes ſes Saintes, il te garde & te préſerve de tous maux, de faire quelque choſe contre ſa volonté, qu'il te te faſſe la grace de l'accomplir.

Qu'il ſoit honoré & ſervi par toi.

Que notre Seigneur, par ſa grande miſéricorde, daigne nous accorder à toi & à moi, qu'après cette vie mortele nous puiſſions nous trouver enſemble avec tous les Saints, le voir, le louer & l'aimer ſans fin. *Amen.*

Gloire, honeur & louange à celui qui eſt un Dieu avec le Pere, le Fils & le Saint-Eſprit, ſans commencement & ſans fin. *Amen.*

LETTRE D'INSTRUCTION

écrite par Saint Louis, à Madame ISABELLE sa Fille, Reine de Navarre.

A sa chere & amée Fille, ISABELLE Reine de Navarre : SALUT & amour paternel.

Confesseur. pag. 326.

MA chere Fille : comme je crois que vous retiendrez plus volontiers ce que je vous dirai, parceque vous m'aimez, que ce qui viendroit d'un autre, j'ai pensé à vous écrire cette instruction de ma propre main.

Chere Fille, je vous recommande d'aimer Dieu notre Seigneur de tout votre cœur & de tout votre pouvoir ; car sans cela rien n'a de mérite, & nul autre ne peut être aimé si utilement que lui. Il est celui à qui toute créature peut dire : Seigneur, vous êtes mon Dieu qui n'avez nullement beſoin de mes biens. C'eſt lui qui a envoyé ſon Fils ſur la terre, où il eſt mort pour nous délivrer des peines de l'enfer.

Chere Fille, ſi vous l'aimez le profit en ſera tout à vous; celui-là eſt hors de la bone voye qui aime d'autre que lui ou ſans lui.

Chere Fille, la meſure pour aimer Dieu eſt de l'aimer ſans meſure : il mérite bien que nous l'aimions puiſqu'il nous a aimé le premier. Il ne faut pour cela que bien réfléchir ſur les myſtéres que le Fils de Dieu a opérés pour notre ſalut.

Chere Fille, cherchez avec grand empreſſement ce qui peut lui plaire le plus : évitez avec grand ſoin & grande attention tout ce que vous croirez qui doit lui déplaire.

Vous devez particulièrement être dans la volonté de ne commettre aucun péché mortel pour quelque chose que ce puisse être ; vous devez plutôt souffrir de voir vos membres arrachés & perdre la vie par le martyre, que de commettre volontairement un péché mortel.

Chere Fille, accoutumez-vous à vous confesser souvent, choisissez toujours un Confesseur de saintes mœurs & qui soit sufisament instruit, afin qu'il vous enseigne ce que vous devez fuir & ce que vous devez pratiquer ; & conduisez-vous de telle maniere que votre Confesseur & ceux qui vous entourent, osent vous remontrer & vous reprendre hardiment.

Chere Fille, assistez volontiers aux offices de la sainte Eglise ; &, en y assistant, gardez-vous de causer ni de dire aucune paroles inutiles.

Recitez vos prieres avec recueillement de bouche & de cœur, & particulièrement lorsque Jesus-Christ est présent à la messe; préparez-vous y même auparavant dans votre particulier par des prieres & oraisons.

Chere Fille, aimez à entendre parler de Dieu, soit au sermon, soit dans les conversations particulières, & n'admetez dans ces conversations que des persones d'une probité & d'une sainteté éprouvées.

Procurez-vous les indulgences de l'Eglise.

Chere Fille, s'il vous arrive quelque maladie ou quelqu'autre affliction que vous ne puissiez éviter, souffrez-la avec résignation, rendez-en graces au Seigneur & l'en remerciez; car vous devez croire qu'il le fait pour votre bien, & qu'il pouroit pour vos fautes vous affliger davantage, ne l'ayant pas assez aimé ni bien servi, mais ayant commis plusieurs choses contraires à sa volonté.

Si le Seigneur vous accorde la santé ou quelqu'autre grace, remerciez-le très-humblement, profitez-en pour être meilleure & pour éviter l'orgueil & tout autre vice. Car c'est un très-grand malheur de n'employer les dons du Seigneur que pour l'offenser.

Si vous avez quelque peine intérieure, & qu'elle soit telle que vous la puissiez & deviez dire à votre Confesseur, faites lui-en part, ou bien à toute autre persone que vous connoîtrez sincère & vraie dans ce qu'elle dit.

Chere Fille, soyez compatissante à ceux qui ont quelque

peine de corps ou d'esprit. Soulagez-les par vos charités ou autrement, & de la meilleure maniere qui vous sera possible.

Chere Fille, aimez tous ceux qui ont de la religion & que vous saurez servir Dieu & le glorifier.

Aimez les pauvres, secourez-les & spécialement ceux qui se sont rendus pauvres pour l'amour de notre Seigneur.

Chere Fille, faites tout ce que vous pourez pour que vos Dames & toutes celles qui vous approchent le plus, soient de bone & sainte vie, & éloignez de vous tout ce qui n'a pas une bone renomée.

Chere Fille, obéissez humblement à votre mari, à votre pere, à votre mere dans les choses qui sont selon Dieu ; vous le leur devez par amour pour eux, mais plus encore par amour pour notre Seigneur qui l'a ainsi ordoné ; mais dans ce qui est contraire à Dieu vous ne devez obéir à aucun.

Chere Fille, soyez si attentive à être parfaite en tout bien que ceux qui vous verront, ou entendront parler de vous, puissent vous prendre pour exemple.

Je pense qu'il est à propos que vous n'ayez pas plus d'habillemens ni de bijoux que votre état ne le demande ; mais que vous emploiyez en aumônes ce que vous aurez de trop.

Je vous conseille aussi de ne point trop vous étudier à vos parures, & d'être sur cela le moins de temps que vous pourez.

Chere Fille, ayez dans vous un desir si constant de plaire à notre Seigneur, que quand vous seriez certaine de n'avoir jamais de récompense du bien que vous feriez, ni de punition du mal que vous commetriez, cependant vous ne cessiez de vouloir éviter tout ce qui déplaît à Dieu, & de pratiquer au contraire de tout votre pouvoir ce que vous savez lui être agréable : le tout par amour pour lui.

Chere Fille, procurez-vous volontiers les prieres des bones ames & m'en rendez participant.

S'il arrive qu'il plaise à Dieu de me retirer de ce monde plutôt que vous, je vous prie de faire dire des messes, des prieres & autres bones œuvres pour le repos de mon ame.

Je vous recommande de ne montrer cet écrit à persone sans ma permission, excepté votre frere.

Que le Seigneur vous accorde toutes les graces que je vous desire, & même au-delà de mes desirs. *Amen.*

Joinville, pag. 4.

L'amour qu'il avoit pour son peuple étoit tel, que se trouvant malade à Fontainebleau, il dit à (Philippe) son Fils aîné. Cher Fils, fais-toi aimer, je te prie, du peuple de ton Royaume, car j'aimerois mieux qu'un Ecossois vint & gouvernât bien ton peuple que de te le voir mal gouverner.

Confesseur, pag. 381.

Monseigneur Charles Comte d'Anjou frere du Roi, ayant fait mettre en prison un de ses Chevaliers pour en avoir appellé au Roi, le Roi blama très-fortement son frere & lui dit: « qu'il ne devoit y avoir qu'un » Roi en France, qu'il ne crut » pas parce qu'il étoit son Frere, » qu'il l'épargnat en rien contre » droit & justice. » Il lui commanda de rendre la liberté au Chevalier afin de poursuivre librement son appel.

Confesseur, pag. 334,

Le saint Roi étant au Châtau d'Anieres, près l'Abbaye de

Royaumont, lorsque les Moines, après Tierce, alloient au travail portant les pierres & le mortier pour un mur qu'ils fesoient, il portoit aussi la civiere chargée de pierres, allant devant & un Moine derriere : ce qu'il fesoit faire aussi à ses Freres, Monseigneur Robert, Monseigneur Alphonse & Monseigneur Charles, & aux Chevaliers de sa suite. Or, une fois ses Freres voulant parler, crier & jouer, le saint Roi leur disoit ; « les Moines gardent » maintenant le silence, ainsi nous » devons le garder. » Et comme leurs civieres étant beaucoup chargées, ils vouloient se reposer avant d'arriver au mur, il leur disoit : « les Moines ne se re- » posent pas, ainsi vous ne de- » vez pas vous reposer. »

C'est ainsi qu'il formoit sa Cour au bien.

CHAPITRE II

CONTENANT les Inſtructions de Saint Louis aux perſones de ſa Cour & autres.

Confeſſeur, pag. 336.

LE ſaint Roi ne s'attachoit pas ſeulement à inſtruire dans le bien ſes Enfans & ſes Freres, ainſi qu'on l'a vu ci-devant, mais encore tous les autres.

Inſtructions de Saint Louis au Sire de Joinville.

Confeſſeur, pag. 335.

Il inſtruiſoit noble Chevalier Monſeigneur Jean de Joinville Sénéchal de Champagne, qui vécut familièrement pendant plus de 24 ans avec lui, lui feſoit ſouvent de bones inſtructions & lui donoit de bons exemples. Une fois le ſaint Roi lui demanda; lequel il aimeroit mieux d'avoir commis péché

Bonnemy invenit et Sculpsit

S.t Louis instruisant Sire de Joinville
et les Personnes de sa Cour.

mortel ou d'être lépreux. Le Chevalier lui répondit, qu'il aimeroit mieux avoir commis trente péchés mortels que d'être lépreux : ſur quoi le Roi le reprit très-fort, & lui dit qu'il devroit préférer d'être lépreux. Car le péché mortel eſt une lépre de l'ame dont l'home ne ſait pas comment il peut être guéri en ce monde, parce qu'il ne ſait pas quand il peut mourir ; & comme il ne ſait pas non plus ſi au moment de la mort, Dieu lui accordera la grace d'une bone confeſſion & d'une bone contrition ; s'il vient à mourir en péché mortel, il ſera ſemblable au démon. Quant à la lépre du corps, chacun eſt certain que la mort l'en délivrera. D'où concluoit le ſaint Roi, qu'il vaut mieux être lépreux que d'être en péché mortel.

Joinville, pag. 6. Le Roi m'appella une fois (moi Joinville) & me dit ; lequel aimeriez-vous mieux d'être lépreux ou d'avoir fait un péché mortel ? Moi qui ne lui ai jamais menti, je lui répondis que j'aimerois mieux en avoir commis trente que d'être lépreux. Quand ses Freres furent sortis, il m'appella en particulier, me fit assoir à ses pieds & me dit. Que m'avez-vous dit hier ? Je lui répetai la même chose. Il me dit, vous parlez comme un étourdi ; car il n'y a pas de plus grand malheur que d'être en péché mortel, parceque l'ame en péché mortel, est semblable au démon ; rien donc de si malheureux. Car il est certain que quand l'home meurt il est guéri de toute maladie du corps ; mais quand l'home meurt en péché mortel, il ne sait pas s'il a fait de ses péchés un tel repentir que Dieu les lui ait pardonés ; c'eſt pourquoi il doit craindre que ſon malheur ne dure autant que Dieu ſera en Paradis. Ainſi, me dit-il, je vous prie autant que je le puis & pour l'amour de Dieu & pour moi, que vous aimiez mieux voir votre corps affligé de toutes ſortes de maux & de maladies, que de voir votre ame en péché mortel.

Il me demanda un jour pourquoi je ne mettois pas d'eau dans mon vin ; je lui dis que c'étoit par ordre des Médecins qui me diſoient que j'avois la tête groſſe, l'eſtomac froid, & que je ne pouvois pas m'enyvrer. Il me répondit qu'ils me trompoient, que ſi je ne le trempois en ma jeuneſſe jamais je n'aurois de ſanté, que dans ma vieilleſſe je ſerois ſujet à la goute & aux maux d'eſtomac, quand

Joinville, pag. 5.

même je voudrois alors tremper mon vin ; que si je le buvois pur dans ma vieillesse je m'enivrerois tous les jours, que rien n'étoit plus bas pour un Gentilhome.

Confesseur, pag. 335. Une autre fois le saint Roi dit au même Chevalier. Voulez-vous avoir l'assurance d'être honoré en ce monde & plaire aux homes, être en grace avec Dieu & être admis à sa gloire à venir ? Oui, lui répondit le Chevalier, je le voudrois bien. Ne faites donc, reprit le Roi, ni ne dites que ce que vous diriez & feriez en présence de tout le monde.

Joinville, pag. 5. Il me demanda si je voulois être honoré dans ce monde & être heureux après ma mort. Oui, lui dis-je. Ne faites donc, reprit-il, ni ne dites rien que vous ne puissiez en convenir devant tout le monde s'il vient à le savoir.

Il me dit que lorſqu'il n'y avoit ni péché ni domage à ſouffrir, je me gardaſſes de dédire quelqu'un, ou de lui doner un démenti de ce qu'il diroit devant moi ; parce que les paroles offenſantes ſuſcitent des querelles qui ont cauſé la mort à des milliers d'homes. *Joinville, pag. 5.*

Le Roi diſoit que l'on devoit ſe vétir & s'armer de telle maniere que les homes cenſés ne trouvaſſent rien de trop, ni que les jeunes gens n'en trouvaſſent pas aſſez. *Joinville, pag. 5.*

Il m'appella une fois & me dit ; je n'oſe vous parler de ce qui regarde Dieu, car vous avez l'eſprit trop léger ; mais, après avoir appellé ſes Freres qui étoient à ſa Cour, je veux vous faire une demande. La demande fut telle. Sénéchal, me dit-il, qu'eſt-ce que Dieu ? Sire, lui dis-je, c'eſt un Etre ſi bon *Joinville, pag. 6.*

qu'il ne peut y en avoir de meilleur. Vraiment, dit-il, c'est bien répondre, & la réponse que vous me faites est écrite dans le livre que je tiens en ma main.

Joinville, pag. 6. Il me demanda si je lavois les pieds aux pauvres le Jeudi-saint. Moi, Sire, lui dis-je, qu'il m'arrive malheur plutôt que de laver les pieds de ces vilains. Vraiment, me dit-il, vous répondez fort mal; car vous ne devez pas dédaigner de faire ce que Dieu nous a enseigné par son exemple. Je vous prie donc, premièrement pour l'amour de Dieu, & ensuite pour moi que vous vous accoutumiez à les leur laver.

Joinville, pag. 7. Il fesoit manger à sa table, Maître Robert de Sorbone, à cause de la grande réputation qu'il avoit de prud'home. Un jour étant à côté de moi &

nous parlant l'un à l'autre, il nous en reprit. Parlez haut, nous dit le Roi, car les autres croyent que vous médites. Si à table vous dites de bones choses, il faut les dire tout haut, sinon il faut se taire.

Le Roi étant un jour en gaité, il me dit. Sénéchal, dites-moi, pourquoi prud'home vaut mieux que dévot? Lorsque nous eumes disputé long-temps sur cette question, Maître Robert & moi, le Roi porta son jugement & dit. Maître Robert je voudrois avoir le nom de prud'home pourvu que je le fusse & que vous eussiez tout le reste; car prud'home est quelque chose de si grand, que d'en prononcer le nom me satisfait. *Joinville, pag. 7.*

C'est un grand mal, dit-il, de prendre le bien d'autrui, car de le rendre est chose si diffi- *Joinville, pag. 7.*

cile, que d'en parler révolte tous les ſens. Tels ſont en cela les artifices du démon, qui toujours en éloigne ceux qui veulent rendre le bien d'autrui. Il eſt même en cela ſi ſubtil, qu'il excite les uſuriers & les voleurs à doner plutôt à Dieu qu'à reſtituer ce qu'ils ont pris.

Joinville, pag. 7.

Il me dit d'avertir de ſa part, le Roi Thibaut de prendre garde que dans la maiſon des Jacobins qu'il feſoit bâtir à Provins, il ne chargeat ſon ame à cauſe des grandes ſommes qu'il y mettoit. Car les homes ſages pendant qu'ils vivent, doivent faire de leurs biens le même uſage que les exécuteurs teſtamentairs en feroient; c'eſt-à-dire, que les bons exécuteurs commencent à réparer les torts faits par les morts, à rendre le bien d'autrui, & du reſte ils en font des aumônes.

Ecoutez l'inſtruction qu'il me fit en revenant d'outre-mer. Notre vaiſſeau ayant été pouſſé par le vent avec tant de violence contre l'Iſle de Chypre, que nous n'attendions plus qu'à périr..... Le lendemain le Roi m'apella en particulier. Sénéchal, Dieu nous a montré une partie de ſon pouvoir, car un de ces petits vents qu'à peine on connoît a penſé ſubmerger le Roi de France, ſes Enfans, ſa Femme & tous ſes gens. Or, dit Saint Anſelme, ce ſont des avertiſſemens du Seigneur, & c'eſt comme ſi Dieu nous diſoit. Je vous aurois bien fait mourir ſi j'avois voulu. Seigneur qui fais les Saints pourquoi nous menaces-tu ainſi ? Ce n'eſt pas pour ton avantage ; car ſi tu nous avois fait périr tu n'en ſerois ni plus pauvre ni plus riche. Mais les ménaces que tu nous fais

Joinville, pag. 9.

ſont pour notre avantage ſi nous ſavons en profiter. Profitons en donc de telle manière que ſi nous ſentons en nous quelque choſe qui déplaiſe à Dieu, nous le retranchions promptement ; & qu'au contraire, nous faſſions promptement ce que nous connoiſſons lui plaire. Si nous agiſſons ainſi, il nous accordera en cette vie & en l'autre plus de biens que nous ne pouvons en eſpérer. Mais ſi nous feſons le contraire, il agira envers nous comme un Seigneur envers ſon Officier ; c'eſt-à-dire, ſi cet Officier après les menaces qui lui ont été faites ne veut pas ſe corriger, ſon Seigneur le condamne à mort, ou à d'autres punitions pires que la mort.

Joinville, pag. 10. Le ſaint Roi s'efforça, par ces paroles que vous allez entendre, à m'affermir dans la foi chrétiene que Dieu nous a donée. Il disoit que nous devions croire si fermement les articles de la foi, que quand il s'agiroit de la mort ou de souffrir quelqu'autre mal, nous ne devions pas-même avoir la volonté de la trahir par paroles ou par actions. Il disoit que le démon est si subtil, qu'à notre mort il fait tout ce qu'il peut pour qu'alors nous ayons quelques doutes sur la foi, parcequ'il voit que les bones œuvres lui enleve l'home qu'il vouloit avoir, & que cet home est perdu pour lui s'il meurt dans la vraie foi. Il faut donc se tenir en garde contre cette tentation du démon, lui dire alors ; retires-toi Sathan, tu ne m'empêcheras pas de croire tous les articles de la foi dans laquelle je veux vivre & mourir, quand tu metrois tout mon corps en pieces. Quiconque agit ainsi, tourne contre son enemi les armes par lesquelles il vouloit le faire périr.

Joinville pag. 10. Il disoit que la foi est une chose que nous devons croire fermement, quoique nous ne la connoissions que par oui dire. Sur quoi il me demanda comment s'apelloit mon Pere ? Je lui dis qu'il s'apelloit *Simon.* Il me dit comment je le sçavois ? Je lui répondis que je le croyois très-fermement parceque ma Mere me l'avoit assuré. Croyez donc fermement, dit-il, tous les articles de foi que nous ont enseignés les Apôtres dans le *Credo* que vous entendez chanter le Dimanche.

Joinville, pag. 139. Le Roi ayant un jour repris rudement Ponce son Ecuier, & l'ayant bien grondé, je lui dis ; Sire, vous avez baucoup mortifié Ponce votre Ecuyer, qui a servi votre Ayeul, votre Pere & Vous. Sénéchal, dit-il, il il ne nous a pas ſervi, mais c'eſt nous qui l'avons ſervi en le ſoufrant auprès de nous malgré ſes mauvaiſes qualités. Car le Roi Philippe mon Ayeul, me dit, que l'on ne devoit récompenſer les gens de ſa maiſon qu'à proportion qu'ils ſervent bien ; & il ajoutoit que perſone ne peut être bon au gouvernement d'un Royaume, s'il ne ſait auſſi fermement refuſer que doner à propos. Le Roi, vous dirai-je, en agit ainſi parceque dans ce ſiecle on eſt ſi avide à demander, qu'il y en a peu qui ſe ſoucient du ſalut de leur ame ou de l'honeur de leur perſone, pourvuque de quelque maniere que ce ſoit, ils attirent à eux le bien d'autrui.

Le ſaint Roi exhortoit ſurtout le Chevalier à fréquenter l'Egliſe, & particulièrement dans les Fêtes ſolemneles, à ho- *Confeſſeur, pag. 331.*

norer les Saints ; parceque, dit-il, il en est des Saints du Paradis comme de ceux qui sont dans les conseils des Rois de la terre. Si quelqu'un a une affaire devant un Roi de la terre, il s'informe quel est celui qui est bien auprès du Roi, celui auquel il peut s'adresser le plus surement, & que le Roi écoute le plus volontiers ; & dès qu'il le connoît, il va le trouver & le prier de parler au Roi en sa faveur. De même en est-il des Saints du Paradis, qui sont les amis & les favoris du Seigneur, & qui peuvent le prier d'autant plus surement qu'il les écoute. C'est donc pour cela que vous devez venir à l'Eglise le jour de leurs Fêtes, les honorer, & leur demander qu'ils prient notre Seigneur pour vous.

Confesseur, pag. 335.

Le saint Roi disoit encore au Chevalier, qu'il y a certains

Gentilshomes qui rougiſſent de bien faire ; comme d'aller à l'Egliſe, d'aſſiſter au Service divin, & de pratiquer des œuvres de piété, parceque, non par vaine gloire mais par honte, ils craignent que l'on ne les traite d'hipocrites. La vaine gloire eſt meilleure, comme une maiſon, renverſée par un petit vent ou ſans vent, eſt pire que celle qui eſt abatue par un vent violent.

INSTRUCTIONS de Saint Louis aux persones de sa Cour & autres.

Joinville, pag. 131.

LE navire sur le quel le Roi étoit monté en revenant de la Terre-sainte, ayant été rudement poussé contre l'isle de Chypre & violament endomagé, les matelots lui conseillerent de monter sur un autre pour retourner en France. Sur quoi il leur fit cette demande. Dites-moi franchement, si le navire eut été à vous & chargé de vos marchandises en seriez-vous descendus? Tous lui répondirent que non, parcequ'ils aimeroient mieux risquer de se noyer que d'acheter un navire quatre mille livres & plus. Pourquoi donc me conseillez-vous d'en descendre? C'est lui dirent-ils, parceque la partie n'est pas égale ; car il n'y a ni or ni argent qui puisse vous apprécier, ni vous, ni la Reine, ni vos Enfans qui sont ici, & que nous ne voulons pas que vous ni eux vous vous exposiez. J'entens, dit le Roi, votre avis est celui de mon monde, mais voici le mien. Si je descens du navire, cinq cent persones & plus qui sont ici aimeront mieux rester dans l'isle de Chypre que de s'exposer. Mais comme il n'y en n'a aucun qui n'estime autant sa vie que j'estime la miene, & qui cependant ne courut risque de ne jamais rentrer dans son pays ; j'aime mieux me mettre en la garde de Dieu, Moi, ma Femme & mes Enfans, que de faire un si grand tort à ceux qui sont ici.

Gui, Evêque d'Auxere, parlant pour les Prélats du Royau- *Joinville, pag. 140.*

me, dit au Roi, « SIRE, les Ar-
» chevêques & Evêques qui sont
» ici, m'ont chargé de vous dire
» que la Religion chrétiene se
» perd sous votre régne, & se
» perdra encore plus si vous n'y
» mettez ordre ; parceque nul
» aujourd'hui ne craint les ex-
» communications. C'est pour-
» quoi nous vous prions, SIRE,
» de commander à vos Juges &
» Officiers, qu'ils obligent les
» excommuniés à faire dans l'an
» & jour satisfaction à l'Eglise. »
Le Roi répondit aussi-tôt de lui-même, qu'il leur commanderoit volontiers de faire ce qu'ils demandoient ; mais qu'on lui fit connoître auparavant si leur sentence étoit juste ou non. Les Evêques s'étant consulté, répondirent au Roi ; « qu'en ce
» qui concernoit la Religion
» chrétiene ils ne pouvoient
» lui en doner connoissance ».

Le Roi leur répondit, que de ce qui le regardoit il n'en doneroit pas plus de connoissance; & ne commanderoit point à ses Officiers de contraindre les excommuniés à se faire absoudre, le fussent-ils bien ou mal. Car si je le fesois j'agirois contre Dieu & justice. Je vous en donerai un exemple. Les Evêques de Bretagne en ayant excommunié le Comte pendant sept ans, il obtint l'absolution en Cour de Rome; & si je l'eusse contraint la premiere année je l'aurois fait à tort.

Le Roi aima tant Dieu & sa sainte Mere, qu'il fesoit punir sévèrement toute parole indécente contre-eux... & qu'il dit. Je voudrois être marqué d'un fer chaud, & que tous vilains juremens fussent ôtés de mon Royaume. *Joinville, pag. 144.*

Lorsque ceux qui étoient fa- *Nangis, pag. 241.*

miliers avec lui, lui reprochoient qu'il dépensoit trop en aumônes, il répondoit. Si je fais quelquefois de trop grandes dépenses, j'aime mieux qu'on me reproche de les faire en aumônes pour l'amour de Dieu, qu'en choses fastueuses & mondaines.

Nangis, pag. 243.

Nous devons raporter ici une chose mémorable & qui fait bien l'éloge de la foi de Louis notre bon Roi de France. Etant un jour au Châtau de Poissy, il dit d'un air gai & riant à ceux qui étoient familièrement avec lui; que le plus grand honeur qu'il eut jamais reçu en ce monde, étoit celui que notre Seigneur lui avoit accordé en ce lieu. Ceux qui l'entendirent ne devinoient nullement de quel honeur il vouloit parler; & crurent qu'il auroit mieux fait de parler de la ville de Reims où il avoit été sacré & couroné Roi de France. Le Roi commençant alors à sourire, leur dit; que c'étoit dans le Châtau de Poissy qu'il avoit reçu la grace du saint Batême, & qu'il préféroit ce don de Dieu à tous les honeurs & aux plus grandes dignités de ce monde. Ensorte qu'il arrivoit quelquefois dans les letres familières qu'il écrivoit, de pas mettre le nom de Roi; mais de signer LOUIS de Poissy, ou LOUIS Seigneur de Poissy.

Le saint Roi, racontant un jour comment il avoit été pris par les Sarazins en son voyage d'outre-mer, les injures & les outrages qu'il en avoit reçus; quelqu'un qui l'entendit, lui dit, qu'il ne devoit pas rapeller des faits qui n'étoient pas à son honeur. Il répondit que chaque Chrétien doit tenir à honeur toute injure qu'il souffre pour

Confesseur pag. 305.

l'amour de notre Seigneur Jesus-Christ.

Confesseur, pag. 347. Les gens de son Conseil lui reprochant les grandes dépenses qu'il fesoit en fondations & en aumônes, il leur dit. Cessez ces discours; c'est Dieu qui m'a doné tout ce que j'ai, & je ne puis en faire un meilleur usage.

Confesseur, pag. 355. Portant lui-même les corps des Chrétiens qui étoient morts dans la guerre sainte afin de les ensévelir, il encourageoit les autres à faire de même en leur disant; allons ensévelir ces martyrs. Quand il voyoit quelqu'un qui ne s'y portoit pas volontiers, il disoit; ceux-ci ont bien souffert la mort, nous pouvons donc souffrir quelque chose.

Confesseur, pag. 356. Etant à Orléans, & remarquant que les Religieux Jacobins prioient pour les morts de leur Maison sans les nomer; il leur dit, qu'il étoit bon non-seulement d'exprimer le nombre de leurs morts, mais aussi de les nomer au Chapitre; qu'il leur en reviendroit plus de soulagement pour leurs ames, parceque ceux qui les auroient connus, qui les auroient aimés, ou qui se rappelleroient les services qu'ils auroient rendus à leur Ordre; seroient plus portés à prier pour eux, en les entendant nomer, que s'ils ne l'étoient pas.... La chose fut ensuite établie par un Chapitre général.

Un jour de vendredi-saint, ceux qui étoient autour de lui voulant empêcher les pauvres de l'approcher, il leur dit; de les laisser, parceque Jesus-Christ a plus souffert pour nous en ce jour que je n'en souffre pour lui.

Confesseur, pag. 365.

Le Roi tenant son Parlement à Paris, & descendant de

Confesseur, pag. 366.

ſa chambre pour s'y rendre, une femme qui étoit ſur les dégrés, lui dit. Pourquoi faut-il que tu ſois Roi de France ? J'aimerois bien mieux que ce fut un autre que toi ; car tu n'es bon qu'à être Roi de Moines & de Prêtres. C'eſt bien domage que tu ſois Roi de France, ou plutôt qu'on ne t'en n'ait pas chaſſé. Les Officiers du ſaint Roi voulant fraper cette femme & la chaſſer, il leur commanda de n'en rien faire. Mais après avoir écouté bien attentivement cette femme, il lui répondit en ſouriant ; certainement vous dites vrai, je ne ſuis pas digne d'être Roi ; & ſi le Seigneur avoit voulu qu'un autre fut Roi à ma place, il eut mieux gouverné le Royaume.

Confeſſeur, pag. 367.

Souvent lorſqu'on lui ſervoit des viandes délicieuſes, il jettoit de l'eau dans la ſauſſe pour en ôter la bonté ; ensorte que celui qui le servoit lui dit. Sire, vous gâtez toute la sausse. Que cela ne vous fâche point, lui dit-il, elle en sera meilleure pour moi.

Les deux cent mille livres pour la rançon du Roi, convenues entre lui & les Sarazins, leur ayant été payées, il demandoit si tout avoit été exactement payé. On lui répondit que oui. Cependant, Monseigneur Philippe de Nemours Chevalier du Roi, lui dit : Nous avons payé toute la somme d'argent, mais pour le poids nous avons attrapé les Sarazins de dix mille livres. Le Roi entendant ce discours fut très-courroucé, & dit : sachez que je veux que les deux cent mille livres soient entièrement payées ; je l'ai promis & je prétens qu'il ne s'en manque rien. Sur cela, le Sé-

Confesseur, pag. 372.

néchal de Champagne marchant en ſecret ſur le pied de Monſeigneur Philippe, lui fit ſigne de l'œil, & dit au Roi : Sire, croyez-vous Monſeigneur Philippe ? c'eſt un moqueur. Monſeigneur Philippe ayant entendu le Sénéchal, & ſachant combien le Roi aime la vérité & la bone foi, il lui dit : Sire, Monſeigneur le Sénéchal dit vrai, je n'ai dit ceci que pour badiner, & pour ſavoir ce que vous en diriez. Alors, le ſaint Roi lui répondit ; vous avez mauvaiſe grace de badiner ainſi & de m'éprouver ; ayez bien ſoin que la ſomme ſoit entièrement payée.

INSTRUCCIONS
DE SAINZ LOYS
A SA FAMILE ROYALE,
A SES PRIVEZ ET AUTRES.

INSTRUCCIONS
DE SAINZ LOYS.

CHAPITRES PREMIERS

Contenant les Inſtruccions de S. Loys à ſa Famile Royale.

LI beneoiz SAINZ LOYS, comme cil qui eſtoit embraſé d'ardeur de charité, s'amour eſtendi à touz en deſirant qu'ils fuſſent bons, & en enſeignant pluſeurs à ce qu'il le fuſſent, eſpéciaument ſes Enfanz, ſes privez & autres, par bons eſſamples & par ſainz amoneſtemenz, ſi com il apert après aſſez clérement. *Confeſſeur, pag. 326.*

Avant que il ſe couchaſt en ſon lit, il feſoit venir ſes Enfans devant li, & leur recordoit les fèz des bons Roys & des Empereurs, & leur diſoit que a tiex gens devoient-il *Joinville, pag. 145.*

prenre exemple ; & leur recordoit aussi les fèz des mauvèz riches homes, qui par luxure, & par leur rapines & par leur avarice avoient perdu leur Royaumes. Et ces choses, fesoit-il, vous ramentoif-je, pource que vous vous en gardez, parquoy Dieu ne se courrousse à vous.

TESTAMENT

de S. Loys à Phelippe ſon Filz & ſon Succeſſeur, raporté par Sire de Joinville, pag. 154.

Li ſainz Roy ſenti bien que il devoit par tens treſpaſſer. Lors appela Monſeigneur Phelippe ſon Filz, & li commanda à garder auſſi comme par teſtament, touz les enſeignemens que il li lèſſa qui ſont ci-après eſcript en François ; les quiex enſeignemens le Roy eſcript de ſa ſainte main, ſi comme l'en dit.

Biau Filz, la premiere choſe que je t'enſeigne, ſi eſt que tu mettes ton cuer en amer Dieu ; car ſans ce nulz ne peut etre ſauvé. Gardes-toy de fère choſe qui à Dieu deſplèſe ; c'eſt à ſavoir pechié mortel, ainçois devroies ſouffrir toutes manieres de vileinnies, tormens, que faire mortel péché. Se Dieu t'envoie perverſité, ſi le recoif en patience, & en rent graces à Notre-Seigneur, & penſe que tu l'as deſervi, & que il te tournera tout à preu. Se il te donne propriété, si l'en remercie humblement, si que tu ne soies pas pire ou par orgueil ou par autres manieres, dont tu doies miex valoir ; car l'en ne doit pas Dieu de ses dons guerroier. Confesse-toi souvent, & esli confesseur preudomme qui te sache enseigner que tu doies faire & de quoi tu te doies garder ; & te doiz avoir & porter en tel manière que ton confesseur & tes amis te osient reprenre de tes mesfaiz. Le servise de sainte Eglise escoute dévotement & de cuer & de bouche, especialment en la messe, que la consécration est faite. Le cuer aies douz & piteus aus poures, aux chietis & aux mésaisiés, & les conforte & aide selonc ce que tu pourras. Maintien les bones coustumes de ton Royaume, & les mauvèses abèsse. Ne convoite pas sus ton peuple, ne le charge pas de toute ne de taille. Se tu as aucune mesaise de cueur, dit le tantost à ton confesseur ou à aucun preudomme qui ne soit pas plein de vainnes paroles ; si la porteras plus légièrement, Garde que tu aies en ta compaignie preudommes

& loiaux qui ne ſoient pas plein de convoitiſe, ſoient religieux, ſoient ſéculiers, & ſouvent parle à eulz; & fui & eſchiève la compaingnie des mauvèz. Eſcoute volentiers la parole de Dieu & la retien en ton cuer, & pourchace volentiers proières & pardons. Aimme ton preu & ton bien, & hai touz maus où que il ſoient. Nulz ne ſoit ſi hardi devant toy, que il die parole qui atraie & émeuve peché, ne qui meſdie d'autrui par derieres en detractions; ne ne ſeuffre que nulle vileinnie de Dieu ſoit dite devant toy. Ren graces à Dieu ſouvent de touz les biens que il t'a faiz, ſi que tu ſoies digne de plus avoir. A juſtices tenir & à droitures ſoies loiaus & roide, & à tes ſubjèz, ſans tourner à deſtre ne à ſeneſtre; mèz aides au droit, & ſouſtien la querelle du poure jeuſques à tant que la vérité ſoit deſclairiée. Et ſe aucun a action encontre toi, ne le croi pas jeuſques à tant que tu en ſaches la vérité; car ainſi le jugeront tes conſeillers plus hardiement ſelonc verité pour toy ou contre toy. Se tu tins riens de l'autrui, ou par toy ou par tes devanciers, ſe c'eſt choſe certeinne, rent le ſans demourer ; & ſe c'eſt choſe douteuſe, fai le enquerre par ſages gens iſnellement & diligenment. A ce dois mettre t'entente comment tes gens & tes ſougèz vivent en pez & en droiture deſouz toy. Meiſmement les bones villes & les couſtumes de ton Royaume garde en l'eſtat & en la franchiſe où tes devanciers les ont gardées ; & ſe il y a aucune choſe à amender, ſi l'amende & adreſſe, & les tien en faveur & en amour ; car par la force & par les richeſſes des groſſes villes, douteront les privez, les eſtranges, de meſprendre vers toy, eſpécialment tes pèrs & tes barons. Honneure & aime toutes les perſones de ſainte Eſgliſe, & garde que en ne leur ſouſtraie ne apétiſe leur dons & leur auſmones que tes devanciers leur auront donné. L'en raconte d'un Roy Phelippe mon aieul, que une foiz li dit un de ſes Conſeillers, que moult de forfaiz li feſoient ceulz de ſainte Egliſe, en ce que il li tolloient ſes droictures & apetiſſoient ſes juſtices ; & eſtoit moult grant merveille comment il le souffroit. Et le bon Roy respondi « que il le créoit bien ; mèz » il regardoit les bontés & les courtoi» sies que Dieu li avoit faites ; si vou» loit miex lèsser aler de son droit, » que avoir contens à la gent de sainte » Esglise ». A ton père & à ta mère porte honeur & révérence, & garde leur commandement. Les benefices de sainte Esglise, donne à bones persones & de nette vie, & si le fai par conseil de preudommes & de nettes gens. Garde toy de esmouvoir guerre sans grant conseil contre home chrestien ; & se il le te convient fère, si garde sainte Esglise & ceulz qui n'i ont mèsfait. Se guerres & contens meuvent entre tes sousgis, apaise-les au plustost que tu pourras. Soies diligens d'avoir bons Prevos & bons Baillis, & enquier souvent d'eulz & de ceulz de ton Hostel, comme il se maintiennent, & se il a en eulz aucun vice de trop grant convoitise, ou de fausseté, ou de tricherie. Travaille que tous vilains péchiez soient osté de ta terre ; espécialment vileins seremens & hérésie fai abatre à ton pooir. Pren te garde que les despens de ton Hostel soient résonnable. Et en la fin, très-douz Fil, que tu faces messes chanter pour m'ame & oroisons dire par tout ton Royaume; & que tu m'otroies especial part & plenière en touz les biens que tu feras. Biau chier Filz, je te donne toutes les bénéissons que bon père peut donner à fil; & la benoite Trinité & tuit li Saint te gardent & deffendent de touz maulz; & Diex se doint grace de fère sa volenté touzjours, si que il soit honoré par toy, & que tu & Nous puissions après ceste mortel vie, estre ensemble avec li & li loer sons fin. *Amen.*

TESTAMENT

TESTAMENT

de Sainz Loys à Phelippe son filz & son successeur, extrait des Annales de Guillaume de Nangis, pag. 284.

CHIER FILS, la première chose que je t'enseignie, si est que tu metes ton cuer en amer Dieu ; car sans ce ne se puet nus sauver. Gardes-tai de fère chose qui à Dieu desplaise, c'est assavoir, de mortel péchié ; ainçois deveroies soufrir toutes manières de tourmens, que faire mortel péchié. Se Diex te donne adversité, si la suefre en bone pacience & en ren graces à Notre-Seigneur, & pense que tu l'as bien deservi & que il te tournera à pourfit : se il te donne prospérité, si l'en mercie humblement, si que tu ne soies pas pires de ce dont tu dois miex valoir ; car on ne doit pas Dieu de ces dons guerroier. Confesse-toi souvent, & si esli prodoumes qui te saichent ensengnier que tu dois fère & de quoi tu te dois garder : tu te dois en tele manière avoir & porter que tes confessours & tes amis t'osent & te puissent seurement reprendre & monstrer tes defautes. Oy le service Dieu dévotement, sans border & sans regarder sà ne là ; mais prie Dieu dévotement de bouche & de cuer en pensant à li doucement, & espécialement quant on fait la consécration. Ayes le cuer dous & piteus aus poures & aus mesaisiés, & les conforte & ayde selonc ce que tu pourras. Se tu as aucune mesaise de cuer, di lai tantost à ton confessor ou à aucun prodoume, si le porteras plus legierement. Garde que tu ayes en ta compagnie tous jours prodons, soient religieux, soit séculer ; & souvent parole à eulz. Escoute volentiers les sermons, & en apert & à privé, & pourchace volentiers prieres & pardons. Ainme tout bien, & hè tout mal en cui que ce soit. Nus ne soit si hardis qui die parole devant toi qui traie à péchié, ne qui mesdie d'autrui en derriere par maniere de détraction, ne que on die devant toi vilonnie de Dieu, ne des Sains, que tu n'en prengnies tantoſt veanjance. A juſtice tenir & droiture ſoies roides & loiaus, ſans tourner à deſtre n'a ſeneſtre ; & ſoutien la querele au poure juſques à tant que la querele ſoit deſclairie. Se aucuns a à faire contre toi, ſoie tous jours pour li & contre toi, juſques à tant que on ſaiche la vérité ; car ainſi le jugeront ti Conſeiller plus hardiement ſelon cdroiture. Se tu tiens riens de l'autrui par tai ou tes devanciers, ſi le ren. Garde que tes gens & tes ſubjés vivent en pais deſous toi, meſmement li Religieus & toutes perſonnes de ſainte Egliſes. On raconte dou Roy Phelippe mon ayeul, que une foiz li dit uns de ces privés, que moult de tort & de forfais li feſoient cil de ſainte Egliſe, en ce que il amenuiſoient ſa juſtice, & comment il le ſouffroit ; & li bons Roys reſpondi que bien il le créoit ; mais quant il regardoit les bontés que ſainte Egliſe li avoit fait, il vouloit miex leſſier ſon droit, que à ſainte Egliſe avoir contemps ne eſcandele ſuſciter. A ton père & à ta mère dois tu honneur & révérence porter, & garder lor commandemens. Donne les bénéfices de ſainte Egliſe à perſonnes bonnes & dignes, & dou conſeil aus prodommes, & meſmement a cieus qui n'ont riens de ſainte Egliſe. Garde-toi de mouvoir guerres ſans grant conſeil, meſment contre Creſtiens ; & ſe il le te convient faire, ſi garde ſainte Egliſe & ceux qui n'i ont riens meſfait, de tous domages. Guerre & contemps quelque il ſoient, apaiſe le pluſtoſt que tu porras, auſſi comme ſainz Martin feſoit. Soies ſongnieus & diligens d'avoir bons Baillieus & & bons Prevos, & enquier ſouvent de euls & de ceux de ton hoſtel, comment il ſe maintiennent. Traveille toi que tout péchié ſoient oſté de ta terre à ton pouvoir, meſmement vilain ſerement & toute héréſie. Encore te di-je, chier fiex, que des bénéfices que Diex t'a donnez, que tu l'en rendes graces dévotement. Fai prendre garde ſouvent que li deſpens de ton oſtel ſoient raiſonnable. En la fin ; dous fiex, je te conjur & requier que, ſe je muir ainſois que tai, que tu faces ſecourre l'ame de moy par meſſes & par oroiſons par tout le royaume de France,

& que tu me ottroies eſpécial part en tous les biens que tu feras. Au darrenier, chier fiex, je te doins toutes les bénéiçons que bons pères & piteus puet donner à fil ; & la benoîte Trinité & tout li Saint te veillent garder & deffendre de tous maus, & te doint grace tousjours, ſi que il ſoit honnourés de toi, & que nous puiſſions après ceſte mortel vie eſtre enſamble avec li & li louer ſans fin. *Amen.*

ENSEIGNEMENT

escrit de la main de Sainz Loys à Phélipe son Filz qui régna après lui, extrait de la vie de Saint Loys par le Confesseur de la Royne, p. 330.

A son chier Fiuz ainsné Phélipe : Salut.

Chier Fiuz : pour ce que je desirre de tout mon cuer que tu soies bien enseigné en toutes choses, je pense que je te face aucun enseignement par cet escrit ; car je t'ay aucune foiz oy dire que tu retendroies plus de moi que d'autre persone. Por ce, chier fiuz, je t'enseigne premierement que tu aimes Dieu de tout ton cuer & de tout ton pooir, car sanz ce ne puet nul valoir nule chose. Tu te dois garder à tout ton pooir de toutes choses que tu croiras qui li doient desplère ; & espéciaument tu dois avoir volenté que tu ne feroies pour nule chose du monde péchié mortel, & que tu souferroies avant que touz tes membres te fussent trenchiez & que l'en te tolist la vie par cruel martyre, que tu feisses à escient péchié mortel. Se Notre-Seigneur t'envoie aucune persécucion ou maladie, ou autre chose, tu le dois soufrir de bonne volenté, & li dois rendre graces & savoir l'en bon gré; car tu dois penser que il le fait pour ton bien; & ausi dois tu penser que tu l'as bien deservi, & ce & plus, se il vouloit, pour ce que tu l'as pou amé & pou servi, & as fèt mout de choses contrères à sa volenté. Et se Notre-Seigneur t'envoie aucun prospérité, tu l'en dois rendre graces humblement, & dois prendre garde que tu n'empires pas de ce, ne par orgueil, ne par autre vice; car c'est mout grant péchié que faire guerre à Notre-Seigneur pour ses dons meesmes. Chier fiuz, je t'enseigne que tu acoustumes à confesser toi souvent, & que tu eslises touzjors tex confesseurs qui soient de sainte vie & de souffisant science, par lesquex tu sois enseignié es choses que tu dois eschiver, & que tu dois fère; & aies en toi tele manière, que tes confesseurs & tes autres amis t'osent enseigner & reprendre hardiement. Chier fiuz, je t'enseigne que tu oies volentiers le service de sainte Eglise; & quant tu seras en l'Eglise, garde que tu ne muse & que tu ne dies vaines paroles; di en pès tes oroisons, ou de bouche ou de pensée; & espéciaument soies plus en pès & plus entendant à Dieu prier, tant comme le Cors Notre-Seigneur Jhesu-Christ sera présent à la messe, & encore devant, par un espace de tens. Chier Filz, aies le cuer débonnère vers les poures, & vers touz ceus que tu croiras qui aient mésaise de cuer & de cors; &, selon ce que tu auras de pooir, sequeur les volentiers, ou de confort ou d'aucune aumône. Et se tu as aucune tribulacion de cuer qui soit tele que tu la puisses & doies dire, di la à ton confesseur ou à autre que tu croies qui soit loial & que tu saches que il te célera bien; & tu porteras doncques plus en pés ta tribulacion. Chier fiuz, aies avecques toi compaignie de bonnes gens, ou de religieus ou de séculers, & eschive la compaignie des malvès; & aies volentiers as bons bons parlemenz, & escoute volentiers parler de

Dieu en ſermon, & privéement, & procure volentiers pardons. Aime le bien en autrui, & hé le mal. Ne ſuefre pas que l'en die devant toi paroles qui puiſſent trère les genz à péchié. N'eſcoute pas volentiers dire mal d'autrui. Ne ſuefre pas en nule manière, parole qui puiſt torner au deſpit de Dieu ou de ſes ſains, que tu n'en pregnes vengance; & ſe c'eſt Clerc ou perſone ſi grant que tu ne doies pas juſticier, faile donques dire à celui qui juſticier la porroit. Chier filz, pourvoi que tu ſoies ſi bon en toutes choſes, que il apere que tu reconnoiſſes les bontez & les enneurs que Notre-Sires t'a fèt; en tele manière que ſe il pléſoit à Dieu que tu veniſſes au fès & à l'enneur de gouverner roiaume, que tu fuſſes digne de recevoir la ſainte oncion de laquele les Rois de France ſont conſacrez. Chier filz, ſe il avient que tu viegnes à regner, porvoi que tu aies ce qui a Roi apartient, c'eſt-à-dire, que tu ſoies ſi juſtes, que tu ne déclines ne deſvoies de juſtice pour nule riens qui avenir puiſſe. Se il avient que aucune querele qui ſoit meue entre riche & poure viegne devant toi, soustien plus le poure que le riche; & quant tu entendras la vérité, si leur fai droit. Et se il avient que tu aies querele encontre autrui, sostien la querele de l'estrange devant ton Conseil, ne ne montre pas que tu aimmes mout ta querele, jusques à tant que tu connoisses la vérité; car cil de ton Conseil pourroient etre cremeteus de parler contre toi, & ce ne dois tu pas vouloir. Et se tu entens que tu tiegnes nule chose à tort, ou de ton tens, ou du tens à tes ançesseurs, fai le tantost rendre, combien que la chose soit grant, ou en terre, ou en deniers, ou en autre chose; & se la chose est oscure, pourquoi tu ne puisses pas savoir la vérité, fai tele pès par conseil de prudes hommes, que l'ame de toi & les ames de tes ancesseurs en soit du tout despééchiées; & combien que tu aies oy dire que tes ancesseurs aient teles choses rendues, non porquant aies tozjours grant volenté de savoir se il demeure riens de ces choses à rendre; & se tu trueves que aucune chose en soit à rendre, fai tantost que ce soit rendu & restabli por le salut de l'ame de toi & des ames de tes ancesseurs. Soies bien diligent de fère garder toutes manieres de genz par ton roiaume, & espéciaument les persones de sainte Eglise, & les défent que injure ne violence ne soit fete en leur persones ne en leur choses. Et te voil ici recorder une parole que li Rois Phelipe mon aieul dist une foiz, si comme un qui estoit de son Conseil me recorda, qui disoit qui l'avoit oie. Li Rois étoit un jour avec son privé Conseil, & estoit ilecques cil qui m'a recordé ceste parole, tout présent; & li disoient cil de son Conseil que Clers li fesoient mout d'injures, & se merveilloient moult de genz comment il povoient tele chose soufrir. Et adonques li diz rois Phelipes respondi en ceste manière : Je crois bien, dist-il, que il me font assés d'injures, mès quant je pense as enneurs que Notre-Seigneur m'a fètes, je voil mieux soufrir mon damage, que fère ce pourquoi discorde venist entre moi & sainte Esglise. Et ceste chose je te recorde, pource que tu ne soies pas légier à croire aucuns contre les persones de sainte Esglise; ainçois leur porte enneur & les garde ſi, que ils puiſſent fere le ſervice Notre-Seigneur en pès. Et auſi je t'enſeigne que tu aimmes eſpéciaument les gens de Religion, & les ſequeur volentiers en leur néceſſitez ; & aime ceus plus que les autres, que tu ſauras qui plus ennourront Dieu & ſerviront. Chier Fiuz, je t'enſeigne que tu aimes ta mère & ennoures, & que tu retiegnes volentiers & faces ſes bons enſeignemenz, & ſoies enclin à croire à ſon bon conſeil. Aimes tes frères & leur voilles touziors bien, & aimmes leur bons avancemenz, & leur ſoies en lieu de père a enſeignier les en tout bien; mès garde, pour amour que tu aies vers aucun, tu ne te deſvoies de fère droit ; ne ne fai as autres choſe que tu ne doies. Chier fiuz, je t'enſeigne que les bénéfices de ſainte Eſgliſe que tu as à donner, que tu les doignes à bonnes perſones & par grant conſeil de preudes hommes ; & m'eſt avis que miex vaut que tu les doingnes à ceux qui n'auront nules provendes, que ce que tu les doignes aus autres ; car ſe tu enquiers bien, tu trouveras aſſez de ceux qui riens n'ont, en qui les biens de ſainte Eſgliſe ſeront bien emploiez. Chier fiuz, je t'enſeigne que tu te gardes à ton pooir, que tu n'aies guerre à nul Chreſtien ; & s'il te feſoit aucunes injures, eſſaie pluſeurs voies à ſavoir ſe tu pourroies trouver aucunes bonnes voies par leſqueles tu peuſſes recouvrer ton droit, ainçois que tu feiſſes guerre ; & aies entente tele que ce ſoit, pour eſchiver les péchiez qui ſont fez en guerre. Et ſe il avenoit que il te conveniſt fere guerre, ou pource que aucun de tes hommes defailliſt de prendre droit en ta Court, ou il feiſt injure à aucune égliſe ou a aucune autre perſone, quele que ele fuſt, & ne le voſiſt amender por toi ou pour aucune autre cauſe reſonnable quele que la cauſe ſoit pour laquele il te conviegne fère guerre, commande diligaument que les poures genz qui n'ont corpés eu forfèt, ſoient gardez que damage ne leur viegne, ne par ardoir leurs biens, ne par autre manière ; car il apartient miex à toi que tu contreignes le mauſèteur en prenant ſes choſes, ou ſes villes, ou ſes chaſtiaus par force de ſiége, que ce que tu degaſtaſſes les biens des poures genz ; & pourvoi que ainçois que tu meuves guerre, que tu aies eu bon conſeil que la cauſe ſoit mout réſonnable , & que tu aies bien amoneſté le mauféteur , & que tu aies atendu tant comme tu devras. Chier fiuz , encore t'enſeigne ge que tu entendes diligaument à apéſier à ton pooir les guerres & les contens qui ſeront en ta terre ou entre tes hommes ; que c'eſt une choſe qui mout pleſt à Notre-Seigneur. Et monſeigneur ſaint Martin nous donna très grant eſſample ; car eu tems que il ſot par Notre-Seigneur que il ſe devoit morir, il ala pour metre la pès entre les Clers qui eſtoient en ſon arceveſchié, & li fu avis que en ce feſant, il metoit bonne fin à ſa vie. Chier fiuz , pourvoi bien diligaument que tu aies bons Prevoz & bons Baillis en ta terre , & fai ſouvent pourveoir que il facent bien juſtice & que il ne facent injure à nului , ne nule choſe que il ne doient ; & fai auſi pourveoir de cels meeſmes de ton hoſtel, que il ne facent choſe que il ne doient ; que jà ſoit ce que tu doies haïr tout mal en autre, non pourquant tu dois plus haïr le mal qui viendroit de ceux qui ont pooir de toi, que le mal des autres perſones; & plus doiz garder & défendre que ce n'aviegne que ta gent facent mal. Chier fiuz, je t'enſeigne que tu ſoies toziors dévot à l'eſgliſe de Rome & au ſouverain Eveſque notre Père, c'eſt le Pape, & li porte révérence & enneur, ſi comme tu dois fère à ton père eſpirituel. Chier fiuz, donnes volentiers pooir as genz de bonne volenté & qui bien en ſachent uſer, & penſe par grant diligence que pechiez ſoient oſtez de ta terre, c'eſt-à-dire vilains ſermenz & toute choſe qui eſt fete & dîte en deſpit de Dieu, ou de Notre-Dame, ou des Sainz; & fai ceſſer le gieu des dez, & péchié de cors, & les tavernes, & les autres péchiez a ton pooir en ta terre; & fai chacier les bougres ſagement & en bonne manière à ton pooir de ta terre, & autres malvèſes genz, ſi que ta terre ſoit de ce bien purgiée, ſi comme tu entendras que ce doie eſtre fèt par le conſeil de bonnes genz; & avance les biens par tos liex à tout pooir; & met grant entente que tu ſaches reconnoître les bontez que Noſtre Sires t'aura fètes, & que tu l'en ſaches rendre graces. Chier fiuz, je t'enſeigne que tu metes grant entente à ce que les deniers que tu deſpendras, ſoient deſpenduz en bons uſages, & que il ſoient juſtement receuz; & c'eſt un ſens que je vodroie moult que tu euſſes, c'eſt-à-dire, que tu te gardaſſes de foles miſes & de malvèſes recettes, & que tes deniers fuſſent bien mis & bien receuz; & c'eſt ſens te voille Noſtre Sires enſeignier enſemble avec les autres ſens qui te ſont couvenables & proufitables. Chier fiuz, je te pri que ſe il plèſt à Noſtre-Seigneur que je parte de ceſt monde ainçois que tu, tu me faces aidier par meſſes & par autres oroiſons, & que tu envoies par les congrégaçions des religions du roiaume de France pour requerre leur prieres pour l'ame de moi; & que tu entendes que en touz les biens que tu feras, que Noſtre Sire m'i doint partie. Chier fiuz, je te doinz toute cele bénéiçon que père puet & doit donner a fiuz; & pri Notre-Seigneur Jheſu-Chriſt Dieu, que il par ſa grant miſéricorde & par les prieres & par les mérites de ſa benoiete mere la Vierge Marie, & par les mérites d'Anges & d'Archanges & de tous Sainz & de toutes Saintes, te gart & défende que tu ne faces nule choſes qui ſoit contre la volenté de lui, & que il te doint graces de fere ſa volenté, ſi que il ſoit ennoré & ſervi par toi; & ce face Noſtre Sires a moi & à toi par ſa grant largece, en tele maniere que après ceſte mortel vie nous le puiſſons veoir & loer & amer ſans fin. *Amen.* Et gloire & ennenr & loenge ſoit à celui qui eſt un Dieu avecques le Père & le fiuz & le Saint-Eſperit, ſans commencement & ſanz fin. *Amen.*

LETTRE D'ENSEIGNEMENT

escrite par saint Loys à Madame Ysabel sa fille Royne de Navarre.

Confesseur, pag. 326.

A Sa chière & amée Fille Ysabel Royne de Navarre : SALUT, & amour de père. Chiere Fille, pource que je croi que vos retendrez plus volentiers de moi, pour l'amour que vous avez à moi, que vous ne feriez de aucuns autres; je pense que je vous ferai aucuns enseignemenz, escriz de ma propre main. Chier fille, je vous enseigne que vos amez Notre-Seigneur Dieu de tout vostre cuer & de tout vostre pooir; car sanz ce ne puet nul valoir nule chose, ne autre chose ne puet estre amée si profitablement. Cil est li Sires à qui toute créature puet dire : Sire, vous estes mes Diez, qui n'avez besoing de nul de mes biens. Cist est li Sires qui envoya son benoiet fiuz en terre & l'offri à mort, porce que il nous delivrast des poines enfer. Chière fille, se vos l'amez, e proufit en sera vostre. La créature st mout hors de voie, qui met ailleurs l'amour de son cuer, fors en lui ou pour lui. Chière fille, la mesure par laquele nous devons Dieu amer, est amer le sanz mesure : il l'a bien déservi que nous l'amons ; car il nous ama premièrement. Je vodroie que vos sussiez bien penser as œuvres que li benoiez Fils de Dieu a fèt pour nostre rédemption. Chière fille, aiez grant desir comment vous li puissiez plus plaire ; & mettez grant cure & grant diligence à eschiver les choses que vous cuiderez qui li doient desplère. Espéciaument vous devez avoir ceste volenté, que vous ne feriez péchié mortel pour chose qui poist avenir, & que vous souferriez ainçois que l'en vous trenchast touz les membres, & que l'en vos ostast la vie par cruel martyre, que vous feissiez péchié mortel a escient. Chière fille, accoustumez vous a confesser vos souvent, & eslisiez touziors confesseur qui soit de sainte vie & qui soit soufisament lètré ; si que vous soyez par lui enseignée ès choses que vous devez eschiver & que vous devez faire ; & soyez de tele maniere que votre confesseur & vos autres amis vous osent enseignier & reprendre hardiement. Chière fille, oiez volentiers le service de sainte Eglise, & quant vous serez à l'église, gardez que vous ne musez pas & que vous ne diez vaines paroles. Dites vos oroisons en pès par bouche & par pensée, & espéciaument quant li Cors Jhesu-Criz sera presenz à la messe ; & par espace de tems avant, soiez plus en pès & plus entendible a oroison. Chière fille, oiez volentiers parler de Dieu ès sermons & en parlemenz privez ; mès eschivez touziours privez parlemenz, fors de gens, mout esleus en bonté & en saintée : procurez volentiers indulgences & pardons. Chière fille, se vos avez aucune persécucion de maladie, ou autre chose en laquele vous ne puissiez metre conseil en bone manière, soufrez la donques de bonne volenté, & rendez pour ce graces à Nostre-Seigneur & l'en sachiez bon gré ; car vos devez croire que il fèt ce pour nostre bien, & devez croire que vos avez ce déservi & plus, se il voloit, pource que vos l'avez pou amé

& pou servi, & fèt mout de choses contrères à sa volenté : Et se avez aucune prosperité de santé de cors, ou autre, regraciez Nostre-Seigneur humblement & li sachiez de ce bon gré; & gardez que vous n'empiriez pas de ce par orgueil ne par autre vice; car c'est mout grand péchié que fère guerre à Nostre-Seigneur par l'achoison de ses dons. Se vous avez aucune tribulacion de cuer; se ele est tele que vos la puissiez & doiez dire à vostre confesseur, dites li, ou à autre persone que vous créez que ele soit loiale & que ele vos doie bien celer; porce que vos portez votre tribulacion & soustiegniez plus en pès. Chière fille, ayez le cuer debonnere vers les genz que vos entendez qui sont en mésèse de cuer & de cors, & les secourez volentiers ou de confort, ou d'aumône, selon ce que vos porrez en bonne manière. Chière fille, amez toutes bonne genz & de religion & de siècle, ceux que vous entendrez par qui Diex soit ennorez & serviz. Amez les poures & les secourez, & espéciaument cels qui pour l'amour de Nostre-Seigneur se sont mis à poureté. Chière fille, pourvéez vous à vostre pooir, que les femmes & les autres mesniées qui avecques vous conversent plus privéement & secréement, soient de bonne vie & de sainte : & eschivez a vostre pooir toutes genz de male renommée. Chière fille, obeissiez humblement à vostre mari, & à vostre père & à vostre mère, ès choses qui sont selon Dieu: vos devez volentiers faire a chacun ce qu'à lui apartient, pour l'amour que vous devez avoir à eus ; & encore leur devez vos miex fère pour l'amour de Nostre-Seigneur, qui a ce einsi ordené ; mès contre Dieu vos ne devez a nul obéir. Chière fille, metez si grant entente que vous soiez si parfète en tout bien, que cil qui vous verront & orront parler de vous, i puissent prendre bon essample. Il me semble que ce soit bon que vos n'aiez pas trop grant seurcrois de robes ensemble & de joiaus, selon l'estat où vos estes ; ainçois m'est avis que meilleur chose est que vos en faciez vos aumosnes, au moins de ce qui seroit trop ; & m'est avis que ce soit bon que vous ne metez pas trop grat tens ne trop grant étuide à vous parer & atorner ; & gardez bien que vos ne faciez excès en vostre aournement, ainçois soyez plus encline au moins que au plus. Chière fille, aiez en vous un desir qui jà de vos ne se parte, c'est-a-dire, comment vous puissiez plus plere à Nostre-Seigneur, & metez vostre cuer à ce, que se vous estiez certaine que vous n'auriez jamais guerredon de nul bien que vos feissiez, ne ne fussiez punie de nul mal que vous feissiez, non pourquant si vos voudriez vous garder de fère chose qui à Dieu desplеust, & entendriez à fère les choses qui li pleroient, a vostre pooir, purement pour l'amour de lui. Chière fille, procurez volentiers les proières des bonnes genz & m'accompaigniez à vous en ces proières ; & se il avient que il plése à Dieu que je me parte de cest monde ainçois que vous, je vos pri que vos procurez messes & ouroisons & autres bienfèz pour l'ame de moi. Je vous commant que nul ne voie cest escrit sanz mon congié, excepté votre frere. Nostre Sire vos face si bonne en toutes choses comme je desirre, & plus assez que je ne sache desirrer. *Amen.*

Joinville, pag. 4.

Lamour qu'il avoit a son peuple parut à ce qu'il dit a son ainé filz en une moult grant maladie que il ot a Fontenne bliaut. Biau filz, fist il, je te pri que tu te face amer au peuple de ton royaume; car vraiment je ameraie miex que un Escot venist d'Escosse & gouvernast le peuple du Royaume bien & loialment, que que tu le gouvernasse mal apertement.

Confesseur pag. 381.

Li benoiez Rois fist mander par ses lettres monseigneur Challes qu'il venist devant lui; & quant il vint devant lui il le blâma mout, & le reprist de ce que il avoit fait prendre un Chevalier qui apeloit; & li dist que il devoit être un Roi en France, & que il ne creust pas pour ce, se il estoit son frère, que il l'espargna constre droite justise en nule chose; & lors li commanda que il delivrast le Chevalier si que il peust parsivre franchement son apel devant lui.

Confesseur, pag. 334.

Comme l'en feist un mur en l'abèie de Roiaumont, li benoiez Rois qui demoroit en cel tens en son manoir d'Anières, qui est assez près de ladite abèie, venoit souvent à cele abèie. Et comme les moines ississent...

a porter

à porter les pierres & le mortier au lieu ou l'en feſoit ledit mur, li benoiez Rois prenoit la civière & la portoit charchiée de pierres & aloit devant,& un moine portoit derrierre... & einſi en cel tens li benoiez Rois feſoit porter la civiere par ſes freres monſeigneur Robert, monſeigneur Alfons & monſeigneur Challes..., & aux chevaliers de ſa compaignie. Et pour ce que ſes freres voloient aucunes foiz parler, & crier & jouer, li benoiez Rois leur diſoit : les moines tienent orendroit ſilence, & auſi la devon nos tenir. Et comme les freres du benoiet Roy charchaſſent mout leur civieres & ſe voſiſſent repoſer en mi la voie, ainçois que il veniſſent au mur, il leur diſoit ; les moines ne ſe repoſent pas, ne vous ne vos devez pas repoſer. Et ainſi le ſainz Rois enformoit ſa meſniée a bien fere.

CHAPITRES SECONS.

Contenant les Instruccions de S. Loys à ses Privez & autres.

Confesseur, pag. 336. Li sainz Rois n'enformoit pas tant seulement ses fiuz & ses freres charitablement à bien fère, si com il est démoustré par desus ; aincois enformoit les autres à tout bien.

Instruccions de sainz Loys a Sire de Joinville.

Confesseur, pag. 335. Il enseigna à noble chevalier monseigneur Jehan de Joinville, Senechal de Champaigne, mout de bons essamples, qui fu avecques lui en sa Court assez privéement & de son hostel par vingt-quatre anz & plus, & li enseignoit mout souvent les bons essamples. Et une fois avint einsi que li sainz Roi demanda audit Chevalier lequel il voudroit miex, ou avoir fait un péchié mortel ou estre mesel ; & li Chevaliers respondi que il vodroit miex avoir fèt trente péchiez mortex, que ce que il fust mesel ; & donques li ſainz Rois le blaſma mout, & li diſt & moſtra que miex vaudroit eſtre meſel; car péchié mortel eſt meſelerie de l'ame, de laquele home ne ſèt comment il en puiſt eſtre guéri, car il ne sèt quant il doit mourir; & ſe il muert ſans droite contricion & ſans vraie confeſſion, que il ne ſèt ſe il porra avoir, comme cele choſe depende & viegne de la grace Dieu, l'ame remaindra touziors meſele ſe il muert en mortel péchié, & ſemblable au deable; mès de la meſelerie du cors doit eſtre chaſcun certain que il en doit eſtre guéri par la mort corporele; pourquoi li ſainz Rois diſoit que de trop loing il valt miex a homme eſtre meſel, que ce que il ſoit en pechié mortel.

Il m'apela une foiz (moi Joinville) & me diſt: lequel vous ameriez miex, ou que vous feuſſiés meſiaus, ou que vous euſſiés fait un pechié mortel. Et je qui onques ne li menti, li reſpondi que je en ameraie miex avoir fait trente, que etre meſiaus. Et quand les freres s'en furent partis, il m'appela tout ſeul & me fiſt ſeoir à ſes piez & me dit: comment me deiſtes vous

Joinville, pag. 6.

hier ce? Et je li diz que encore li disoie-je, & il me dit: vous deistes comme hastis musarz; car nulle si laide mezelerie n'est comme d'estre en pechié mortel, pource que l'ame qui est en pechié mortel, est semblable au dyable, parquoy nulle si laide meselerie ne peut estre. Et bien est voir que quant l'omme meurt il est guerie de la meselerie du cors; mais quant l'omme qui a fait le pechié mortel meurt, il ne sçeit pas, ne n'est certeins que il ait eu tele repentance que Dieu li ait pardonné; parquoy grant poour doit avoir que celle mezelerie li dure tant comme Diex yert en paradis. Ci vous pri, fist il, tant comme je puis, que vous metés votre cuer à ce pour l'amour de Dieu & de moi que vous amissiez miex que tout meschief avenit au cors, de mezelerie & de toute maladie, que ce que le péchié mortel venist à l'ame de vous.

Joinville, pag. 5. Il me demanda pourquoi je ne metoie de l'yaue en mon vin, & je li diz que ce me fesoient les Phisiciens qui me disoient que j'avoie une grosse teste & une froide fourcelle, & que je n'en avoie pooir de enyvrer. Et il me dist que il me décevoient ; car se je ne l'apprenoie en ma joenesce, & je le vouloie temprer en ma vieillesse, les goutes & les maladies de fourcelle me prenroient, que jamez n'auroie santé ; & se je bevoie le vin tout pur en ma veillesse, je m'enyvreroie touz les soirs ; & ce estoit trop laide chose de vaillant home de soy enyvrer.

Aucunes foiz avec ce li benoiez Rois dist audit Chevalier ces paroles : voudriez vous avoir enseignement tel, par quoi vous eussiez enneur en cest monde & pleussiez as hommes, & eussiez la grace de Dieu & si eussiez gloire eu tens avenir ; & li Chevaliers respondi que il vodroit bien avoir tel enseignement ; & lors li dist li benoiez Rois : ne fetes chose ne ne dites que, se tout li mondes savoit ce, non pourquant vos ne le lèriez mie à fère. *Confesseur, pag. 335.*

Il me demanda, se je vouloie estre honorez en ce siecle & avoir paradis à la mort, & je li diz : oyl ; & il me dit : donques vous gardez que vous ne faistes ne ne dites a vostre escient nulle riens, que se tout le monde le savoit, que vous ne peussiez congnoistre : je ai ce fait, je ai ce dit. *Joinville, pag. 5.*

Joinville, *pag.* 5. Il me dit que je me gardasse que je ne desmentisse, ne ne desdeisse nullui de ce que il diroit devant moi, puis que je n'i auroie ne pechié ne doumage ou souffrir, pource que des dures paroles meuvent les mellées dont mil homes sont mors.

Joinville, *pag.* 5. Il disoit que l'en devoit son cors vestir & armer en tele maniere, que les preudeshomes de cest siecle ne déissent que il en feist trop, ne que les joenes homes ne déissent que il feist pou.

Joinville, *pag.* 6. Il m'apela une foiz & me dist : je n'ose parler à vous pour le soutil sens dont vous estes, de chose qui touche à Dieu ; & pour ce ai je appellé ses freres qui ci sont, que je vous weil faire une demande. La demande fut tele : Sénéchal, fist-il, quel chose est Dieu ? & je li diz : Sire, ce est si bone chose que meilleur ne peut estre. Vraiement, fist-il, cest bien respondu ; que ceste response que vous avez faite, est escripte en cest livre que je tieing en ma main.

Joinville, *pag.* 6. Il me demanda se je lavoie les piez aus poures le jour du grand jeudi. Sire, diz-je, en maleur, les piez de ces vilains ne laverai je jà. Vraiement, fist-il, ce fut mal dit; car vous ne devez mie avoir en desdaing ce que Dieu fist pour nostre enseignement. Si vous pri je pour l'amour de Dieu premier & pour l'amour de moi, que vous les accoustumez à laver.

Maistre Robert de Cerbone pour la grant renommée que il avoit d'estre preudomme, il le fesoit manger à sa table. Un jour avint que il manjoit de lez moy l'un à l'autre; & nous reprist & dit: parlés haut, fist-il, car vos compaignons cuident que vous mesdisiez d'eulz. Se vousparlés au manger de chose qui vous doie plaire, si dites haut; ou se ce non, si vous taisiés. *Joinville pag. 7.*

Quant le Roi estoit en joie, si me disoit: Senechal, or me dites les raisons pourquoy preudomme vaut miex que beguin. Lors si encommençoit la tençon de moy & de maistre Robert. Quant nous avions grant piesce desputé, si rendoit sa sentence & disoit ainsi: maistre Robert, je vourroie avoir le nom de preudomme, mès que je le fusse, & tout le remenant vous demourast; car preudomme est si grant chose & si bonne chose, que neis au nommer emplist il la bouche. *Joinville pag. 7.*

Joinville, pag. 7. Il disoit que male chose estoit de prendre de l'autrui ; car le rendre estoit si grief, que neis au nommer le rendre escorchoit la gorge par les erres qui y sont, lesquiex senefient les ratiaus au diable, qui touz jours tire ariere vers li ceulz qui l'autrui chastel weulent rendre. Et si soutilement le fait le dyable, car aus grans usuriers & aus granz robeurs, les attice il si que leur fait donner pour Dieu ce que il devroient rendre.

Joinville pag. 7. Il me dist que je deisse au roi Tibaut de par li, que il se preist garde à la meson des Preescheurs de Provins que il faisoit, que il n'encombrast l'ame de li pour les grans deniers que il y metoit. Car les sages homes tandis que ils vivent, doivent faire du leur aussi comme exécuteurz en devroient faire, c'est à savoir que les bons exécuteurs desfont premierement les tors faiz au mort, & rendent l'autrui chatel, & du remenant de l'avoir au mort font aumosnes.

Joinville, pag. 9. Ci-après orrez un enseignement que il me fit en la mer, quant nous revenions d'Outremer. Il avint que notre nef hurta devant l'ille de Cypre par un vent qui a non guerbin.... que li Roy n'atendoit que la mort. Lendemain que ce nous fu avenu, m'appela le Roi tout ſeul, & m'apela : Seneſchal ore nous a mouſtré Dieu une partie de ſon pooir ; car un de ſes petiz venz, que à peinne le ſceit on nommer, deut avoir le Roi de France, ſes enfans & ſa femme & ſes gens noiés. Or dit ſaint Anciaumes que ce ſont des menaces notre Seigneur, auſſi comme ſe Diex vouſiſt dire : or vous euſſe je bien mors ſe je vouſiſſe. Sire Dieu, fait li ſains, pourquoy nous menaces tu ? Car ès menaces que tu nous faiz, ce n'eſt pour ton preu ne pour ton avantage ; car ſe tu nous avoie touz perdus, ſi ne ſeroies tu ja plus poure, ne plus riche. Donc n'eſt ce pas pour ton preu la menace que tu nous as faite, mès pour noſtre profit, ſe nous le ſavons mettre à œuvre. A œuvre devons nous mettre ceſte menace que Dieu nous a faite, en tel maniere que, ſe nous ſentons que nous aions en nos cuers & en nos cors choſe qui deſplèſe à Dieu, oſter le devons haſtivement ; & quanque nous cuiderons qui li plèſe, nous nous devons efforcier hastivement du prenre ; & se nous le fesons ainsinc, nostre Sire nous donra plus de bien en cest siecle & en l'autre, que nous ne saurions deviser. Et se nous ne le faison ainsi, il fera aussi comme le bon Seigneur doit faire a son mauvais sergant ; car après la menace, quant le mauvais serjant ne se veut amender, le seigneur fiert ou de mort ou de autres greingneurs mescheances qui piz valent que mort.

Jionville, pag. 10.

Le saint Roi se esforça de tout son pooir, par ses paroles, de moy faire croire fermement en la loy crestienne que Dieu nous a donnée, aussi comme vous orrez ci après. Il disoit que nous devions croire si fermement les articles de la foy, que pour mort, ne pour meschief qui avenist au cors, que nous n'aiens nulle volenté d'aler encontre par parole ne par fait. Et disoit que l'ennemi est si soutilz, que quant les gens se meurent, il se travaille tant comme il peut, que il les puisse faire mourir en aucune doutance des poins de la foy ; car il voit que les bones œuvres que l'omme a faites, ne li peut il tollir, & voit que il l'a perdu, ſe il meurt en vraie foy. Et pour ce ſe doit on garder & en tele maniere deffendre de ceſt agait, que en die à l'ennemi quant il envoie tele temptacion, va t'en, doit-on dire a l'ennemi: tu ne me tempteras ja à ce que je ne croie fermement touz les articles de la foy; mès ſe tu me feſoies touz les membres tranchier, ſi weil je vivre & morir en ceſti point: & qui ainſi le fait, il vaint l'ennemi de ſon baſton & de ſes eſpées dont l'ennemi le voloit occire.

Il diſoit que foy & créance eſtoit une choſe ou nous devions bien croire fermement, encore n'en feuſſiens nous certeins mez que par oir dire. Sus ce point il me fiſt une demande, comment mon pere avoit non; & je li diz que il avoit non Symon. Et il me dit comment je le ſavoie; & je li diz que je en cuidoie eſtre certein & le creoie fermement, pource que ma mere l'avoit teſmoigné. Donc devez vous croire fermement touz les articles de la foi, leſquiez les Apoſtres teſmoignent, auſſi comme vous oez chanter au dymanche en la *credo*. *Joinville, pag. 20.*

Le Roi courut ſus moult aigrement *Joinville, pag. 139.*

à Poince l'escuier ; & quant il l'ot bien mesamé, je li dis : Sire, vous devez moult soufrir à Poince l'escuier; car il a servi vostre aieul & vostre père & vous. Sénéchal, fist-il, il ne nous a pas servi, mès nous l'avons servi quant nous l'avons soufert entour nous, aus mauvèses taches que il a ; car le roi Phelipe mon ayeul me dit que l'en devoit guerredonner a sa mesnie, à l'un plus, à l'autre moins selonc ce que il servent, & disoit encore que nul ne pooit etre bon gouverneur de terre, se il ne savoit aussi hardiement escondire comme il sauroit donner. Et ces choses, fist le Roi, vous apren-je, pource que le siecle est si engrès de demander, que pou sont de gent qui resgardent au sauvement de leur ames ne à l'onneur de leur cors, que il puissent traire l'autrui chose par-devers eulz, soit a tort, soit a droit.

Confesseur, pag. 335. Et avecques tout ce li benoiez Rois introduisoit le Chevalier à ce que il hantast l'Eglise, méesmement es festes des Sainz sollennex, & à ennorer les Sainz; & li disoit que il est einsi par similitude des Sainz en paradis, com il est des Conseillers des Rois en terre ;

car qui a afère devant un Roi terrien il demande qui eſt bien de lui & qui le puet prier ſeurement, & lequel li Rois doit oir; & lors quant il sèt ſiquex ce eſt, il va à lui & le prie que il prit pour lui envers le roi: auſi eſt-il des Sainz de Paradis qui ſont privez de Noſtre-Seigneur & ſes familiers, & le pueent ſeurement prier, car il les ot; & por ce devez vos venir à l'égliſe as jours de leur feſtes, & ennorer les & prier que il prient pour vous envers Noſtre-Seigneur.

De rechief, li ſainz Rois diſoit au Chevalier que aucuns nobles hommes ſont qui ont vergoigne de bien fère, c'eſt à ſavoir, aler à l'Egliſe & oir le ſervice de Dieu, & fère autres œuvres de pieté; & doutent non pas vaine gloire, mès vaine vergoigne, & que l'en ne die que il ſoient papelarz; & c'eſt trop meilleur choſe que vaine gloire; auſi comme c'eſt pire choſe que une meſon chiée pour un petit vent ou ſans nul vent que cele qui eſt dehurtée de fort vent.

Confeſſeur, pag. 335.

INSTRUCCIONS

de Sainz Loys a ses Privez & autres.

Joinville, pag. 131.

(LE navire sur lequel le Roi étoit monté en revenant de la Terre-Sainte ayant été rudement poussé contre l'isle de Chypre & violament endomagé, les matelots lui conseillerent de monter sur un autre pour retourner en France). Lors dit le Roy aus nothonniers, je vous demant sur vos loialtés, se la nef feust vostre & elle feust chargée de vos marchandises, se vous en descendriés; & il respondirent touz ensemble que nanin; car il ameroient miex mettre leur cors en aventure de noier, que ce que il achetassent une nef quatre mille livres & plus. Et pourquoi me loez-vous donc que je descende? Pource, firent-il, ce n'est pas geu parti; car or ne argent ne peut esprisier le cors de vous, de vostre femme & de vos enfans qui sont séans, & pour ce ne vous loons-nous pas que vous metez ne vous, ne eulz, en

avanture. Lors dit le Roy : seigneurs, j'ai oy votre avis & l'avis de ma gent ; or vous redirai-je le mien qui est tel, que se je descent de la nef, que il a ceans tiex cinq cens persones & plus, qui demorront en l'isle de Cypre pour la poour du péril de leur cors ; car il n'i a celi qui autant n'ait en sa vie comme j'ai, & qui jamèz pas avanture en leur paiz ne r'enterront ; dont j'aimme miex mon co s & ma femme & mes enfans mettre en la main de Dieu que je feisse tel doumage a ci grant peuple comme il a céans.

L'évêque Gui d'Aucerre dit au Roy pour eulz touz : Sire, fist-il, ces arcevesques & ces évesques qui ci sont, m'ont chargé que je vous die que la Créstienté dechiet & font entre vos mains & decherra encorre plus se vous n'i metés conseil; pource que nulz ne doute hui & le jour escommeniement : si vous requerons, Sire, que vous commandez a vos baillifz & a vos serjans que il contreingnent les excommeniés an & jour, parquoi il facent satisfaccion a l'Eglise. Et le Roi leur respondi touz sans conseil, que il commanderoit volentiers à ses bailliz & à ses serjans *Joinville, pag. 140.*

que il contreinſiſſent les eſcommeniés ainſi comme il le requeroient ; mès que en li donnaſt la congnoiſſance ſe la ſentence etoit droiturière ou non. Et il ſe conſeillèrent & reſpondirent au Roi, que de ce que il afféroit à la Creſtienté ne li donroient-il la congnoiſſance. Et le Roy leur respondi auſi, que de ce que il afféroit à li, ne leur dourroit-il ja la congnoiſſance, ne ne commanderoit jà à ſes ſerjans que il conſtreinſiſſent les eſcommeniés à eulz fère abſoudre, ſu tort, ſu droit : car ſe je le feſoie, je feroie contre Dieu & contre droit. Et ſi vous en mouſtrerai un exemple qui eſt tel ; que les Eveſques de Bretaingne ont tenu le conte de Bretaingne bien ſept ans en eſcommeniement, & puis a eu abſolucion par la Court de Rome ; & ſe je l'euſſe contreint dès la première année, je l'euſſe contreint à tort.

Joinville, pag. 144. Le Roi ama tant Dieu & ſa douce Mère, que touz ceulz que il pooit atteindre qui diſoient de Dieu ne de ſa Mère choſe deshonneſte ne vilein ſèrement que il les feſoit punir griefment.... Et diſt le ſaint Roy : je vourroie eſtre ſeigné d'un fer chaud, par tel couvenant que touz vileins seremens feussent ostez de son royaume.

Aucune foiz avenoit que aucuns de ses familiers murmuroient de ce que il fesoit si largement aumosnes ; & il respondoit & disoit se : Se je faiz trop grans despens aucune foiz, je ayme miex qui li outrages soit faiz en aumônez pour l'amour de Dieu, que en bobens, & en choses mondainnes.

Nangis, pag. 241.

Une chose de mémoyre qui appartient à la loenge de la foy le bon roy Loys de France, ci-après devons raconter. Il avin une fois que li roys Loys estoit à Poissi le chastel, & dit moult liement, tout en riant & en jouant, a aucuns de ses familiers qui estoient lors avec lui que le gregnieur bien & le plus grand honneur que il eut onques en cet monde, Nostre Sires li avoit une foys fète en cel châtel. Quant ce oyrent sa gent, si se merveillèrent moult de quel honeur il disoit ; car il cuidoient que il deût avoir miex dist de la cyté de Rains, où il recut la sainte unction & la couronne du royaume de France. Lors commensa a sousrire li bons Roys, & puis si lor dit que en cel de Poissi il

Nangis, pag. 243.

avoit recu la grace du ſaint bapteſme, laquelle choſe par deſſus toutes honneurs & dignités mondainnes il tenoit ſans comparaiſon a grégnieur don de Dieu & grégnier dignité : dont il avint aucune foys que quant lettres ſecrées envoioit à aucuns de ſes familiers, il ne vouloit pas mettre le nom de Roy pour aucune rayſon ; il s'appelloit Loys de Poiſſi, ou Loys le ſegnieur de Poiſſy.

Confeſſeur, pag. 305.

Comme le benoiet ſaint Loys recordaſt aucune foiz comment il avoit été pris, & les vitupères & les laidures que il avoit receues outre mer ; & cil qui l'ooient li deiſſent que il ne deuſt pas teles choſes recorder, qui retornoient en ſa vilanie ; il reſpondoit que chaſcun Creſtien doit tenir a enneur quelque blâme que il puiſſe ſoufrir pour l'enneur & l'amor de Noſtre-Seigneur Jheſu-Chriſt.

Confeſſeur, pag. 347.

Aucune foiz avint que aucuns des Conſeillers le reprenoient en ce que il ooient ſi granz deſpenz que il métoit a fère tèx deſpens & teles mèſons, & ſi granz données & ſi granz aumones que il feſoit as dites mèſon ; & li benoiez Rois reſpondi : teſiez vos ; Dieux m'a tout donné ceque j'ai ; ce que je met en ceste manière, c'est le miex mis.

(*Pour encourager les autres à ensevelir comme lui les chrétiens morts en la guerre sainte il leur*) disoit : r'alons ensevelir ces martirs ; & quant il li sembloit que aucuns ne fussent pas volenteiz de ce fère, il disoit : ceus ont soufert la mort, nous poons donc bien cest chose soufrir. *Confesseur. pag. 355.*

Li benoiez Roys qui venoit a Orliens... avoit oy raconter en Chapitre des Frères Préechéeurs comment en chascune mèson de la province estoient morz certains Freres, & estoit exprimé & dit le nombre en chascune des mèsons, mès les nons des Frères n'estoient pas nommez ; lors dist il a ces Freres que ce fut bonne chose que ausi comme li nombres des morz estoit dit en chapitre, que les nons fussent ausi nommez ; & dist que pour ce pourroient venir as Freres morz mout de suffrages ou d'aides, se leur nons estoient seus par aventure de ceus qui miex les avoient conneuz ou qui les avoient miex amez, ou pource que aucuns des morts avoient été plus profitables à l'Ordre, plus que il ne feroit se *Confesseur. pag. 356.*

leur nons estoient teuz... Et fu avis au Chapitre général que ce fu bon & profitable ; de quoi il fu establi einsi.

Confesseur, pag. 365. Li sainz Rois alast un jour du saint vendredi par les églises, donnant deniers as poures qui venoient à lui, il defendoit à ses serganz que il ne défendissent pas as poures que il n'aprochassent de lui... aincois disoit que l'en les lessast, & que mout plus sostint pour nous Jhesu-Crist a tel jour comme hui que je ne soustien por lui.

Confesseur, pag. 366. Une foiz quant le Parlement séoit à Paris, & li benoiez Rois fust descendu de sa chambre une femme qui fut el pié des degrez, li dist : fi ! fi ! deusses tu estre roi de France ; mout miex fust que un autre fust Roi que tu ; car tu es Roi tant seulement des Freres Meneurs, des Freres Prééchéeurs & des Prestres & des Clers, grant damage est que tu ès roy de France, & c'est grant merveille que tu n'ès bouté hors du Royaume. Et comme les serganz de benoiet Roy la vosissent batre & bouter hors, il dist & commanda que il ne la touchassent ne boutassent ; & quant il l'ot bien escoutée & diligaument, il dist &

respondi en sousriant : certes vos dites voir, je ne sui pas digne d'être Roy ; & se il pleu a Nostre-Seigneur, ce eus ete miex que un autre eust ete Roy que je, qui miex seust gouverner le Royaume.

Moult de foiz avint quant l'en portoit devant lui rost, ou autres viandes & sausses délicieuses, que il metoit l'iaue en la saveur, ce porce que il destruisist la bonté de la sausse ; & quant cil qui servoit devant lui, li disoit : Sire, vos destruisiez votre saveur ; il li respondoit : ne vous chaut, ele m'est meilleur einsi. *Confesseur, pag. 367.*

Comme les deus cenz mile livres (*pour la rançon du Roi convenues entre lui & les Sarazins*) furent payées, li beneaiz Rois demanda tout maintenant se la dite monoie estoit toute paiée ; & l'en li respondi : oil ; mès monseigneur Phelippe de Nemox, chevalier du benoiet Roy, li dist adonques : la somme d'argent est toute paiée, mès nous avons deceu les Sarazins el pois de l'argent, en dix mile livres. Et quant li benoiez Rois oy cele parole, il fut mout coroucié & dist : sachiez, je voil que les deus cens *Confesseur, pag. 372.*

mile livres soient paiées entierement; car je leur promis, & je voil que il n'en faille rien; & adonques li Sénéchals de Champaigne marcha en repost sus le pié dudit monseigneur Phelipe & li fist signe de l'ueil, & dist au benoiet Roy : Sire, créez voz monseigneur Phelipe ? c'est un truféeur. Et quant monseigneur Phelipe entendi la voiz du Séneschal & il li souvint de la très grant vérité de beneoit Roi & de l'estableté, il reprist adonques la parole & dist : Sire, monseigneur li Séneschax dit voir ; je ne dis cele parole fors en jouant & par trufe, & pource que je seusse que vous diriez ; & li benoiez Rois respondi : vous aiez males graces de cest gieu & de cest essaiement ; mès gardez que la somme d'argent soit bien paiée toute entierement.

F I N.

COMPARAISON

De l'ORTOGRAPHE du XIIIe siécle, avec celle du XVIIIe siécle.

IL n'est pas douteux que depuis le siécle de S. Louis notre Ortographe a acquis un très grand degré de perfection & de simplicité ; & que, comme le remarque M. Restaud, dans sa grammaire françoise (pag. 439 édit. de 1736), plusieurs *voudroient rapprocher l'Orthographe de la prononciation, & la rendre plus facile aux Etrangers*. Mais comme il y avoit aussi dans le treiziéme siécle certains mots écrits d'une maniere plus approchante de l'Ortographe, & dont cependant par la suite l'on s'est écarté, l'on a choisi dans l'ancien françois raporté dans cet ouvrage, les mots que l'on y a trouvés, afin qu'en les comparant à l'Ortographe de nos jours, l'on reconnoisse les changemens survenus ; & afin que cette comparaison, puisse engager ceux qui veillent à la perfection de notre langue, à continuer de la raprocher de la simplicité du Latin ou du Grec, qui en sont les sources & qui en doivent être les modeles.

Pages	*Ancien François.*	*François moderne.*
92	Abèsser	Abaisser.
123	Apela	Apella.
120	Apeloit	Apelloit.
92	Bones	Bonnes.

Pages	*Ancien François.*	*François moderne.*
89	Clèrement	Clairement.
117	Contrères	Contraires.
123	Corporele	Corporelle.
91	Desplèse	Déplaise.
100	Domage	Dommage.
113	Faces	Fasses.
110	Fesant	Faisant.
99	Fesoient	Faisoient.
90	Homes	Hommes.
95	Honeur	Honneur.
116	La quele	Laquelle.
126	Maleur	Malheur.
92	Mauvèses	Mauvaises.
110	Metre	Mettre.
118	Metez	Mettez
110	Metoit	Mettoit.
108	Nules	Nulles.
95	Persones	Personnes.
142	Pié	Pied.
96	Rèsonnable . . .	Raisonnable.
116	Teles choses . .	Telles choses.
121	Tienent	Tiennent.
105	Vengance	Vengeance.

APPROBATION.

APPROBATION.

J'AI LU, par ordre de Monſeigneur le Vice-Chancelier, un Manuſcrit ayant pour titre : *Inſtructions de ſaint Louis à ſa Famille, Royale, &c.* & je n'y ai rien trouvé qui m'ait paru devoir en empêcher l'impreſſion. A Paris ce 19 Octobre 1765.

Signé L'Abbé GRAVES.

PRIVILEGE DU ROI.

LOUIS, PAR LA GRACE DE DIEU, ROI DE FRANCE ET DE NAVARRE ; A nos amés & féaux Conſeillers les Gens tenants nos Cours de Parlement, Maîtres des Requêtes ordinaires de notre Hôtel, Grand-Conſeil, Prévôt de Paris, Baillis, Sénéchaux, leurs Lieutenants Civils & autres nos Juſticiers qu'il appartiendra : SALUT. Notre amé l'Abbé DE VILLIERS, Nous a fait expoſer qu'il déſireroit faire imprimer & donner au Public un Ouvrage qui a pour titre : *Inſtructions de S. Louis à ſa Famille Royale.* S'il nous plaiſoit lui accorder nos Lettres de Permiſſion pour ce néceſſaires. A ces cauſes, voulant favorablement traiter l'Expoſant, Nous lui avons permis & permettons par ces Préſentes, de faire imprimer ledit Ouvrage autant de fois que bon lui ſemblera ; de le faire vendre, & débiter par tout notre Royaume pendant le tems de *trois années* conſécutives, à compter du jour de la date des Préſentes ; Faiſons défenſes à tous Imprimeurs, Libraires & autres perſonnes, de quelque qualité & condition qu'elles ſoient, d'en introduire d'impreſſion étrangere dans aucun lieu de notre obéiſſance. A la charge que ces Préſentes ſeront enregiſtrées tout au long ſur le Regiſtre de la Communauté des Imprimeurs & Libraires de Paris dans trois mois de la date d'icelles; que l'impreſſion dudit Ouvrage ſera faite dans notre Royaume & non ailleurs, en bon papier & beaux caracteres, conformément à la feuille imprimée attachée pour modele ſous le contre-ſcel des Préſentes; que l'Impétrant ſe conformera en tout aux Réglemens de la Librairie, & notamment à celui du 10 Avril 1725; qu'avant de l'expoſer en vente, le Manuſcrit qui aura ſervi de copie à l'impreſſion dudit Ouvrage, ſera remis dans le même état où l'Approbation y aura été donnée, ès mains de notre très-cher & féal Chevalier Chancelier de France, le Sieur DE LAMOIGNON, & qu'il en ſera enſuite remis deux Exemplaires dans notre Bibliothéque publique, un dans celle de notre Château du Louvre, un dans celle dudit Sieur DE LAMOIGNON, & un dans celle de notre très-cher & féal Chevalier Vice-Chancelier & Garde des Sceaux de France, le Sieur DE MAUPEOU; le tout à peine de nullité des Préſentes: Du contenu deſquelles vous mandons & enjoignons de faire jouir ledit Expoſant & ſes Ayans cauſes, pleinement & paiſiblement, ſans ſouffrir qu'il leur ſoit fait aucun trouble ou empêchement. Voulons qu'à la Copie des Préſentes, qui ſera imprimée tout au long au commencement ou à la fin dudit Ouvrage, foi ſoit ajoutée comme à l'Original; Commandons au premier notre Huiſſier ou Sergent ſur ce requis, de faire pour l'exécution d'icelles, tous Actes requis & néceſſaires ſans demander autre permiſſion, & nonobſtant clameur de Haro, Charte Normande & Lettres à ce contraires; Car tel eſt notre plaiſir:

Donné à Fontainebleau le *quatriéme jour du mois de Décembre, l'an de grace mil sept cent soixante-cinq*, & de notre Régne le cinquante-uniéme. Par le Roi en son Conseil.

Signé DE VILLIERS.

Registré sur le Registre XVI de la Chambre Royale & Syndicale des Libraires & Imprimeurs de Paris, N° 732. Fol. 405, *conformément au Réglement de 1723, qui fait défenses, Art.* 41, *à toutes Personnes de quelque qualité & condition qu'elles soient, autres que les Libraires & Imprimeurs, de vendre, débiter, faire afficher aucuns livres pour les vendre en leurs noms, soit qu'ils s'en disent les Auteurs ou autrement & à la charge de fournir à la susdite Chambre neuf exemplaires prescrits par l'Art.* 108 *du même Réglement. A Paris, ce* 20 *Décembre* 1765.

Signé D'HOURY, *Adjoint.*

De l'Imprimerie de LOTTIN l'aîné; 1766.

www.ingramcontent.com/pod-product-compliance
Ingram Content Group UK Ltd.
Pitfield, Milton Keynes, MK11 3LW, UK
UKHW020559180726
13838UKWH00001B/340

9 782329 354828